中等职业教育"十二五"规划教材

中职中专连锁经营与管理专业系列教材

连锁企业采购管理

鄢　鸣　李利利　主　编

彭宏春　副主编

科学出版社

北　京

内 容 简 介

本书采用项目-任务模式的形式,以连锁企业采购管理的动作流程为主线,介绍了连锁企业采购管理的知识体系。

本书共分为 8 个项目,包括连锁企业采购组织建设、连锁企业采购计划与数量确定、连锁企业采购价格与成本管理、连锁企业供应商管理、连锁企业采购谈判、连锁企业采购合同管理、连锁企业采购商品检验与货款结算,以及连锁企业采购绩效控制。本书正文中穿插有"知识拓展","温馨提示"等"小贴士"内容,可使读者开阔视野;每个项目结束后均附有多种题型供读者练习,以巩固知识。

本书可作为中等职业教育连锁经营与管理、市场营销和物流等商贸类专业的教学用书,也可供连锁企业岗前培训使用。

图书在版编目(CIP)数据

连锁企业采购管理/鄢鸣,李利利主编. —北京:科学出版社,2013
(中等职业教育"十二五"规划教材·中职中专连锁经营与管理专业系列教材)
ISBN 978-7-03-036476-0

Ⅰ.①连… Ⅱ.①鄢… ②李… Ⅲ.①连锁企业-采购管理-中等专业学校-教材 Ⅳ.①F717.6

中国版本图书馆 CIP 数据核字(2013)第 012628 号

责任编辑:毕光跃 / 责任校对:王万红
责任印制:吕春珉 / 封面设计:艺和天下

科 学 出 版 社 出版
北京东黄城根北街 16 号
邮政编码:100717
http://www.sciencep.com

骏 杰 印 刷 厂 印刷
科学出版社发行 各地新华书店经销

*

2013 年 3 月第 一 版 开本:787×1092 1/16
2013 年 3 月第一次印刷 印张:10
字数:237 000
定价:22.00 元
(如有印装质量问题,我社负责调换〈骏杰〉)
销售部电话 010-62140850 编辑部电话 62135763-8802

前　言

连锁经营是一种现代企业的组织形式和经营方式，近几年发展较快，在连锁企业经营竞争日益激烈的情况下，采购管理已成为连锁企业核心竞争力的一部分，商品采购是连锁企业获得利润的源头，降低商品采购成本对于连锁企业经营至关重要。

连锁企业采购管理是一门以连锁企业采购经营活动的运作流程为中心线索进行研究的综合性、应用型的专业课程。本书在编写过程中遵循"理论够用、突出实践、易教易学"的原则，结合中等职业学校学生的实际，对传统教材体系进行整合，弱化理论，采用项目教学法编写，将全书分为 8 个项目，每个项目都有明确的知识目标、能力目标和情感目标，每个项目再细分为若干任务，并以"任务描述—任务分析—相关知识—任务实施—实践体验"为编写模式，增强了本书的教学可操作性；同时以案例、图表和拓展知识等形式穿插学习内容，丰富了学生的感性认识，增强了学生学习的趣味性。

本书由鄢鸣（武汉市供销商业学校）、李利利（武汉市供销商业学校）担任主编，彭宏春（上海市现代流通学校）担任副主编。本书的编写分工如下：鄢鸣编写项目 1，吴洪艳（山东省潍坊商业学校）编写项目 2，管黎琳（武汉市东西湖职业技术学校）编写项目 3，李利利编写项目 4 和项目 7，曹海娟（湖北理工学院经济与管理学院）编写项目 6，彭宏春编写项目 5 和项目 8。

本书在编写过程中参考了大量文献，借鉴和吸收了国内外众多学者的研究成果，在此对相关作者表示诚挚的感谢。由于编者水平有限，加之编写时间仓促，书中难免有疏漏之处，敬请广大读者批评指正。

前　言

目 录

项目 1 连锁企业采购组织建设

【项目导航】

连锁经营作为我国零售业中发展最快、最富活力的经营形式，已从零售领域向批发领域、生产领域和服务领域迅速扩张，在经营竞争日益激烈的情况下，连锁企业对降低采购成本、提高利润提出了更高的要求。本项目力图使读者对连锁企业采购、采购管理制度及队伍建设形成初步认识，内容框架如图 1-1 所示。

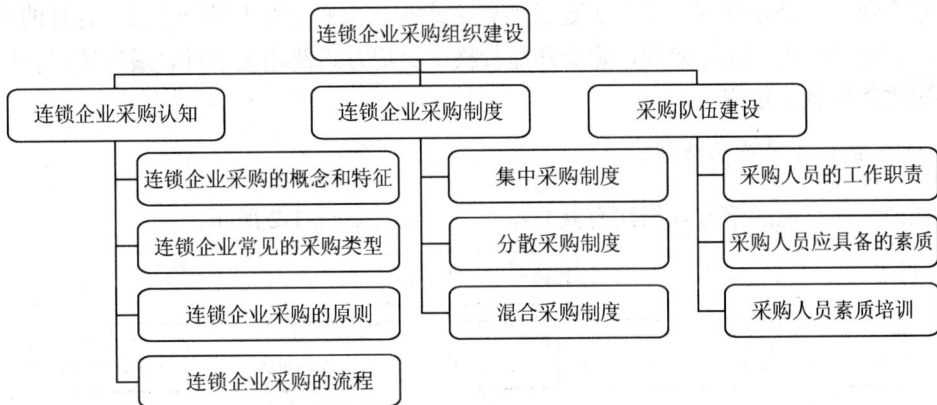

图 1-1 连锁企业采购组织建设

学习目标

知识目标	能力目标	情感目标
1. 列举连锁企业常见的采购类型 2. 理解连锁企业采购的原则 3. 比较集中采购制度、分散采购制度和混合采购制度的特点 4. 阐述连锁企业采购人员的素质	1. 描述连锁企业采购流程 2. 分析连锁企业常见采购类型的运用 3. 理解连锁企业采购制度的选择与运用 4. 具备连锁企业采购人员应有的素质	1. 爱岗敬业 2. 团队合作 3. 办事公道

任务 1 连锁企业采购认知

■ 任务描述

小张是某学校刚毕业的一名学生，到某小型连锁企业应聘采购员一职，可是他对采购的相关知识不太了解，那么小李应从哪些方面去了解采购的基本知识呢？

■ 任务分析

小张要想应聘成功，必须先认识连锁企业的采购的基本特征、了解连锁企业采购的作业流程。他应该具备以下知识：

1）理解连锁企业采购的特征。

2）列举常见连锁企业采购的类型。

3）明确连锁企业采购的原则。

4）掌握连锁企业采购作业流程。

▌相关知识

一、连锁企业采购的概念和特征

（一）连锁企业采购的概念

连锁企业采购是指连锁企业根据连锁经营需求提出采购计划和审核计划，有目的地选择供应商，并经过严格的商务谈判，确定商品价格、交货方式及相关条件，最终签订合同并按合同要求收货付款的过程。

（二）连锁企业采购的特征

连锁经营与其他经营方式相比有其独特性，其特征如图 1-2 所示。

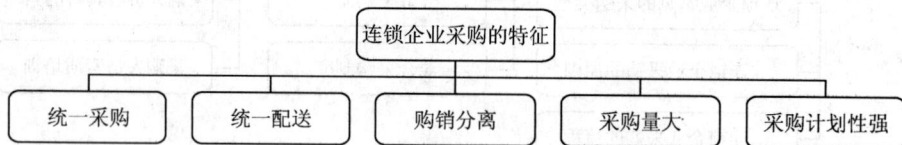

图 1-2 连锁企业采购的特征

1. 统一采购

连锁经营的核心内容之一就是对经营商品实行统一采购，企业的各分店根据经营情况向总部的商品配送中心提供本店的进货计划，由总部所辖的配送中心在货源组织上实行集中统一采购，再根据计划和临时需求统一配送到各门店，从批量上降低分散采购的进货成本。

2. 统一配送

连锁企业采购总部采购商品后，将商品统一送到配送中心，再由配送中心将商品送到各门店，或直接将采购商品送到销售现场，这样可以大大降低成本。

3. 购销分离

在连锁经营中，企业的商品采购权主要集中在总部，各门店一般不承担采购职能，只负责商品的销售。

4. 采购量大

连锁企业拥有庞大的销售网络体系，占据众多的零售终端渠道，其商品采购批量特别大，这就使连锁企业在与供应商进行采购谈判时处于相对的优势地位，从而要求进入连锁销售网络的供应商以较低的价格提供商品，因而提高了企业利润。

5. 采购计划性强

连锁企业的商品采购计划必须在对市场状况和供应商情况进行深入调查研究的基础上制订，并按照严格的程序执行，这充分体现了消费的需求和商品的供应趋势，这也是连锁企业经营战略中的重要内容。

二、连锁企业常见的采购类型

我国连锁企业常见的采购类型如表 1-1 所示。

表 1-1 连锁企业常见的采购类型

采购方式	含 义	优 点	缺 点	适用范围
传统采购	由一组独立的零售商汇聚在一起向供应商大批量采购相同的商品	降低采购、运营成本，联合资源，库存共享	管理比较简单、粗糙，库存量大，资金积压多	企业或集团企业内部
联合采购	中小连锁企业为了取得规模采购的优势而进行的一种合作采购方法	联合采购数量庞大，价格优惠，有利于交换情报	作业手续相对繁复，可能形成"联合垄断"	本土连锁企业
订货点采购	根据需求的变化和订货提前期的长短，精确确定订货点，使得库存总成本最小的采购方法	原理比较科学，操作比较简单	可控因素难以预测，安全存量不可缺少，市场响应灵敏度低	连锁企业大多数采用这类采购方式
招标采购	连锁企业定期向全社会公布本企业的商品采购计划和要求，各供应商自愿投标竞争，连锁企业经过一定程序选定供应商后，再签订合同，按合同供货的方法	使连锁企业在较大范围内选择最佳供应商，以采购到质优价廉的商品来满足市场需求	工作任务量大，程序步骤烦琐	国内外大型连锁企业
JIT 采购	一种完全以满足需求为依据的采购方法，它对采购的要求是供应商要恰好在用户需要的时候，将合适的品种、合适的数量送到用户需求的地点	大幅度减少库存，提高采购质量，提高工作效率	对信息交流的需求要加强，准时性交货更严格	经营大众商品的连锁企业一般不采用这种采购方式
供应链采购	采购由供应商操作，采购者只需把自己的库存信息向供应商连续及时传递，供应商根据自己产品的消耗情况及时连续小批量补充库存，保证采购者既满足需要又使总库存量最小	供需双方关系友好，信息共享，责任共担，利益共享	对信息系统、供应商操作要求都比较高	尚未建立配送系统的小型连锁企业

续表

采购方式	含　义	优　点	缺　点	适用范围
电子商务采购	通过建立电子商务交易平台,发布采购信息,通过网上贸易洽谈、比价、网上竞价实现网上订货,甚至网上付款,最后通过网下的物流过程进行货物配送,完成整个交易过程	扩大了采购市场的范围,缩短了供需距离,简化了采购手续,减少了采购时间,降低了采购成本,提高了工作效率	要依赖于电子商务的发展和物流配送水平的提高	电子商务发展快的连锁企业

三、连锁企业采购的原则

1. 需求原则

需求原则就是要根据市场用户的需求情况来决定进货情况,以保证购进的商品适合消费者的需要,能尽快地销售出去。对于不同性质的商品,该原则有不同的含义。

温馨提示

对于不同性质的商品,连锁企业采购要注意:①对于一般性商品,要避免盲目采购;②对于季节性商品,防止过季积压或脱销现象;③对于新、特价商品,要决定购销活动。

2. 大众化原则

大众品并不是指百分之百的人使用的商品,而是指多数人即 80%的人使用的商品,即在收入、趣味、性格、学历、职业等没有区别的情况下,约有 80%的人经常购买的商品。

3. 进退货规定原则

由于连锁体系越来越多,为增加配送效率及门市处理效率,一般采用由配送中心或中央仓库直接以多样、少量、多次配送的方式,因此采购时,应衡量供应商在配送作业方面的频率、最低订购量等配合情况,以符合门市的订货及进货需求。此外,连锁企业下属零售店属于商品更换率高的零售业态,因此销售不佳的商品应迅速从门市中加以更换,并要求厂家处理退货。

4. 非营业收益原则

连锁企业由于房租高涨、人事费用逐年递增等经营成本的影响,各连锁体系无不以开发非营业收益为主要开源途径。在采购商品时,也应掌握此原则,与厂商在供货合约中写明销售折扣、商品陈列费等协议事项,以实现更大的采购效益。

5. 差异化原则

由于连锁企业快速发展,各式新的业态不断兴起,业者均可感受到竞争日益增强及客源被瓜分的压力。因此,商品如何表现差异性,如何提供给顾客更大的满足感,以形成经营优势,已是商品采购的首要任务。

6. 高周转率原则

高周转率是加速资金周转、避免商品积压的前提条件,也可以促进连锁企业不断发展。

主要的措施是勤进、快销，这样可以以较少的资金占用，经营较多、较全的品种。

7. 经济效益原则

连锁企业组织商品的进货和销售，涉及资金的合理运用，技术设备的充分利用，合理的商品存储、运输、人员安排等事项，而购销差价包含着超产经营商品的费用、税金和利润三者之间的此消彼长的关系，因此，连锁企业从进货开始就要精打细算，以保证获得最大的经济效益。

8. 合同原则

合同原则是指在市场经济条件下，运用经济合同，以法律形式确立商品买卖双方达成的交易，维护双方各自的经济权利和应承担的经济义务，以及各自的经济利益。合同原则可以保证连锁企业各项经营活动的顺利进行，已成为连锁企业经营的基本原则。

■ 任务实施

一、连锁企业采购的流程

连锁企业采购的流程如图 1-3 所示。

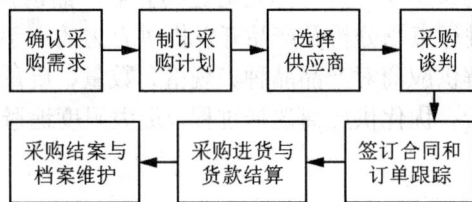

图 1-3　连锁企业采购流程

二、连锁企业采购流程要点与技巧

1. 确认采购需求

任何采购都产生于企业中某个部门的确切需求。连锁企业各部门应该清楚地了解本门店对商品的需求：需要什么、需要多少、何时需要。采购部门根据各门店商品的需要加以汇总，从而进行采购。

2. 制订采购计划

在需求分析的基础上，采购部门应制订一份采购计划，包括市场采购资源分析、商品价格调查、供应商分析、采购方式、采购日程计划、运输方式选择及交货结算等。

3. 选择供应商

选择供应商是连锁企业采购活动中的关键环节，应选择信誉好、产品质量高、交货期有保证的供应商，否则会给连锁企业及门店的销售和顾客服务带来负面影响和利益损失。

4. 采购谈判

选定供应商之后，连锁企业要确定采购价格、采购条件和供货条件等，以便与供应商进行谈判。连锁企业可以通过招投标的方法来确定价格条件，如果采购活动不是通过招标进行的，那么可以和供应商进行谈判来确定。

5. 签订合同和订单跟踪

采购合同的条款和条件达成一致后，连锁企业就可以与供应商办理订货签约手续。订货签约手续包括订单和合约两种方式：订单和合约均属于具有法律效力的书面文件，对买卖双方的要求、权利及义务必须在订单或合约中予以说明。

采购订单得到供应商确认后，采购商的主要任务就是订单的跟踪及催货。跟踪是采购人员对订单进行的例行工作，目的是保证供应商能够履行合同承诺，确保货物准时发货、准时到达。

6. 采购进货与货款结算

质量监控通过验收工作来实现，由于验收是连锁经营的关键一环，其选任人员除了需要良好的忠诚度外，还要对商品的特性、品质及相关法规等有充分认识。按照合同约定结合合同执行情况，连锁采购方以现金、银行转账、支票或电子支持形式付给卖方货物尾款。

7. 采购结案与档案维护

采购资料档案的建立与维护工作一方面是对连锁企业产品销售情况的直接反映，方便企业了解市场需求进度，为进行市场分析及产品开发提供有力的一手资料，另一方面对供应商定期进行复核、评审，了解供应商对产品品种、规格、数量、质量、价格、交易条件、质量文件等关键要素的满足情况，优化供应商选择过程，最大限度地避免供货不及时、质量不达标等问题。

■ **实践体验**

【任务】调查某连锁企业的采购类型。

【目的】调查连锁企业的相关采购信息，填写调查表（表 1-2）。

【要求】4~6 人一组，每组确定一名组长，对连锁企业的经营主业及采购类型进行实地调查，根据调查结果，填写连锁企业采购调查表。

表 1-2 连锁企业采购类型调查表

连锁企业名称	企业经营主业	采 购 类 型

任务 2 连锁企业采购制度

■ **任务描述**

小李在某小连锁企业工作一段时间后，发现自己对企业的采购制度及组织形式不是很熟悉，为了保证小李更深入地了解采购基本知识，请大家给予他一定的帮助。

采购制度是指企业采购中使用的采购方式及采购行为准则。小李要想学习采购制度，必须从以下 4 个方面着手。

1）了解采购制度的类型。

2）理解各种采购制度的含义。

3）陈述各种采购制度的特点。

4）掌握各种采购制度的组织形式。

▍相关知识

在采购工作实践中，采购制度主要有 3 种，如图 1-4 所示。

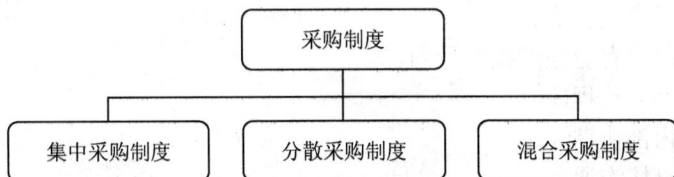

图 1-4　采购制度类型

一、集中采购制度

（一）集中采购制度的含义

集中采购是指由企业设专门的采购机构和采购人员统一负责企业的商品采购工作。在连锁企业中的集中化采购是指将各连锁企业所需要的经营物资统一由一个部门负责，其他部门均无采购职权。采购部门一般设在由连锁企业总部直接控制的采购配送中心。

（二）集中采购制度的优缺点

1. 优点

1）有利于商品的标准化。

2）减少了管理上的重复设置。

3）由于连锁经营的需求量大，可以获得谈判优势。

4）在物资短缺的时候，连锁企业之间不会为了得到物资而相互竞争，从而引起价格的上涨。

5）有利于对采购活动进行更有效的控制。

6）有利于连锁企业采购决策的专业化分工和专业技能发展，同时也更有益于时间的利用。

2. 缺点

1）采购权力过于集中，整个连锁体系的采购工作的好坏和效率维系在少数人身上，如果处理不当，会使企业采购工作陷于混乱和低效率之中。

2）有些连锁企业连锁分店数量众多，地理分布又较分散，各分店所面对的消费需求存在一定程度的差异，集中采购制度很难全方位地满足各分店的个性需求。

3）集中采购实行购销分离，出现问题时双方可能会互相推诿，难以对购销两个部门进行业绩考核。

二、分散采购制度

（一）分散采购制度的含义

分散采购是指按照需要由各单位自行设立采购部门负责采购工作，以满足生产经营的需要。这种采购制度适合于大型生产企业或大型流通企业。

（二）分散采购制度的优缺点

1. 优点

1）对利润中心直接负责。
2）对于内部用户有更强的顾客导向。
3）较少的官僚采购程序。
4）更少需要内部协调。
5）与供应商直接沟通。

2. 缺点

1）分散的采购能力，缺乏规模经济。
2）缺乏对供应商统一的态度。
3）分散的市场调查。
4）对不同的经营单位可能存在不同的商业采购条件。

三、混合采购制度

混合采购是指将集中化采购和分散化采购组合成一种新型的采购制度。依据采购的数量、品质要求、供货时间、价值大小等因素来确定集中采购部分与分散采购部分。一般而言，需求量大且价值高、需要进口的货物由总公司集中采购；需要量小、价值低、临时性采购的物资，由分公司采购。连锁企业一般以集中化采购为主，在某些特定商品上，如鲜活商品等采取分散性采购。

混合采购制度综合了集中化采购与分散化采购两种方法，有利于发挥两种采购制度的优点，同时避免了两种采购制度的缺点。

▌任务实施

一、连锁企业采购制度认知的基本步骤

连锁企业采购制度认知的基本步骤如图 1-5 所示。

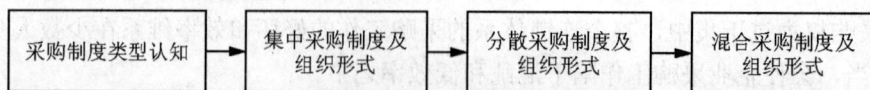

采购制度类型认知 → 集中采购制度及组织形式 → 分散采购制度及组织形式 → 混合采购制度及组织形式

图 1-5 连锁企业采购制度认知基本步骤

二、连锁企业采购组织类型认知要点

1. 集中型采购组织

该组织结构一般在连锁公司总部层面上可以找到中心采购部门。该部门统一负责连锁企业的商品采购工作，如统一规划同供应商的接洽、议价、商品的导入、商品的淘汰及 POP 促销（卖点广告，用以刺激引导消费和活跃卖场气氛）等。连锁企业下属门店只负责商品的陈列及内部仓库的管理和销售工作。对于商品采购，各门店只有建议权，他们可以根据自己的实际情况向总部提出有关采购建议。其组织形式如图 1-6 所示。

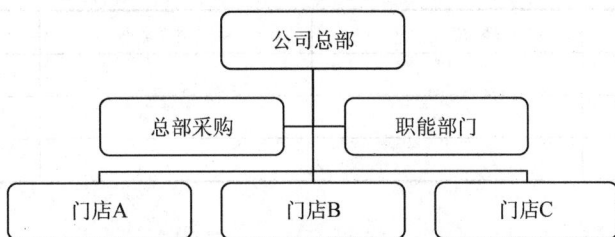

图 1-6 集中型采购组织

2. 分散型采购组织

分散型采购组织就是每个经营单位的负责人对自身的财务后果负责，总部通常以"参谋"的角色或以内部咨询机构的名义进行监督，制定合作政策，消除部门间的障碍，最终成为各分支机构间的沟通桥梁。因此各门店的管理者要对其所有的采购活动负完全责任。其组织形式如 1-7 所示。

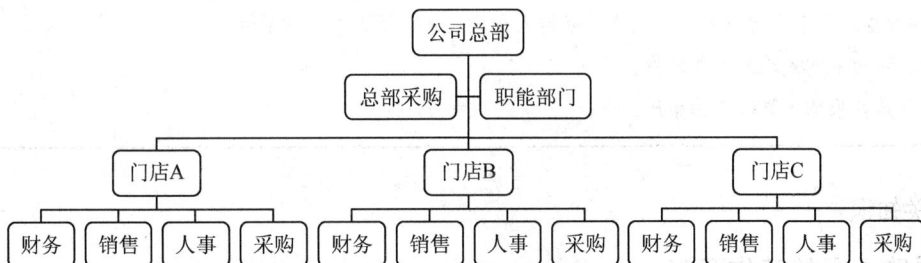

图 1-7 分散型采购组织

3. 混合型采购组织

一般而言，实施混合型采购组织的企业，在公司一级的层次上存在着公司采购部门，然而独立的经营单位有采购活动。

通常在以下几种情况下，连锁企业会采用混合型采购组织：

1）配送系统尚不完整，全部商品由总部采购不经济，这时部分商品需要门店自行采购。

2）当地的一些尚未进入工业化生产的土特产品，可由门店根据经营需要自行采购。

3）一些鲜活商品和易腐烂的瓜、果、蔬菜等食品，由门店根据自身的经营条件自行采购。

4）一些加盟店、特许店，在征得总部同意后也会根据自己原有的经营特点，对某些商品进行自行采购。

实践体验

【任务】调查连锁企业的采购制度。

【目的】通过对连锁企业采购制度的调查训练，使学生理解各种采购制度的特点。

【要求】实地考察几家连锁企业超市，4～6人一组，每组确定一名组长，对超市采购制度进行实地调查，根据调查结果，填写采购制度调查表，如表1-3所示。

表1-3　连锁企业采购制度调查表

连锁企业名称	经 营 主 业	采购制度类型	采 购 特 点

任务 3　采购队伍建设

■ 任务描述

小李在连锁企业工作了一段时间后，深深地喜欢上了这份工作，立志要做一名优秀的采购人员，他应该从哪些方面着手呢？

■ 任务分析

采购人员是企业采购工作的执行主体，因此，采购人员的素质高低，会直接影响企业采购的效率、质量和效益。小李要想成为一名优秀的采购人员，应从以下两个方面着手：

1）明确采购人员的工作职责。

2）具备采购人员应有的素质。

相关知识

一、采购人员的工作职责

1. 采购（总监）经理的工作职责

1）在总经理的领导授权下，直接负责采购部门的各项工作，并行使采购总监的职权，对商品政策进行监督。

2）在公司总体经营策略的指导下，制定符合当地市场需求的营运政策、客户政策、供应商政策、商品政策、价格政策、包装政策、促销政策等各项经营政策。

3）在公司总体经营策略的指导下，领导采购部门达到公司的业绩及利润要求。

4）给予采购人员相应的培训。

5）保持采购本部与其他分店的密切沟通与配合。

6）设定并监督商品品质与新鲜度基准。

7）督导新商品的导入。

8）开发特色商品。

9）决定厂商业务合作的方式。

10）负责监督及检查各采购部门执行岗位工作职责和行为动作规范的情况。

11）负责采购人员的考核工作，在授权范围内核定员工的升职、调动及任免等。

2. 采购员的工作职责

采购员的日常工作就是进行采购作业，包括商品的议价、交易条件协商、新商品的引进及议价、商品的配送方式、数量决定。

其职责主要包括下面几项：

1）经办一般性商品的采购。严格根据批准的请购单，分别轻重缓急，适时采购。

2）与供应商谈判价格、付款方式及交货日期等。

3）查访厂商。

4）要求供应商执行价值工程的工作。

5）确认交货日期。

6）一般索赔案件的处理。

7）处理退货。

8）收集价格情报及替代品资料。

二、采购人员应具备的素质

（一）思想品德素质

采购没有固定规则可循，加上采购行为难以稽查，使得采购工作成为一种"良心工作"。在实际工作中，有许多采购人员拿回扣，要好处费，或借采购之机游山玩水，造成连锁企业采购费用开支过大，或采购商品质量低劣，给连锁企业带来巨大损失。因此，觉悟高、品行端正是采购人员应有的基本素质，只有思想品德高尚，才能大公无私、克己奉公、不贪图个人小利，处处为企业大局着想。

（二）知识素质

1. 政策法律知识

政策法律知识包括国家出台的各种相关法律、价格政策，以及有关连锁企业经营方向的规定等。

2. 文化基础知识

文化基础知识是采购人员学习和掌握其他各种知识的基础。

3. 市场学知识

了解消费者需求，掌握市场细分策略及产品、价格、渠道、促销等方面的知识，以合理选择采购商品，保证商品适销对路。

4. 业务基础知识

业务基础知识包括谈判技巧、商品知识（商品功能、用途、成本、品质）、签约的基本知识等。这是做好本职工作的关键，有助于与供应商沟通，能主动进行价值分析，开发新来源或替代品，有助于降低采购成本。

5. 心理学知识

了解客户心理活动，把握市场消费者的心理需求，从而提高采购工作的针对性。

6. 自然科学知识

自然科学知识包括自然条件（如地理、气候、环境变化等），以及数理知识和计算机知识。

（三）能力素质

1. 分析能力

分析市场状况及发展趋势、消费者的购买心理、供货商的销售心理，从而在采购工作中做到心中有数、知己知彼、百战百胜。

2. 协作能力

采购过程是一个与人协作的过程，良好的协作能力可以帮助采购人员处理好与供应商和企业内部各部门之间的关系，为以后的工作打下基础。

3. 表达能力

采购人员用语言文字与供应商沟通，只有做到正确、清晰地表达采购的各种交易条件，如规格、数量、价格、交货期限等，才能完成采购任务，如果采购人员语言表达不清楚，说话啰唆，只会浪费时间，甚至导致交易失败，因此采购人员的表达能力尤为重要。

4. 成本分析能力和价值分析能力

采购人员必须具有成本分析能力，能够精打细算。采购质量好的商品，物虽美，但价不廉，采购成本较高；而盲目追求"价廉"，则会为品质低劣的商品付出代价，而且还可能破坏与供应商的关系。因此，对于供应商的报价，采购人员要结合其提供的商品质量、功能、服务等因素进行综合分析，以便采购到适宜的商品。

5. 预测能力

在市场经济条件下，商品的价格和供求在不断变化，采购人员应根据各种产销资料预测将来市场上这种商品的供给情况（如商品的价格、数量等）。

6. 自控能力

采购人员所处理的"订单"与"钞票"并无太大差异，因此难免被唯利是图的供应商所包围，所以，采购人员一定要有自控能力，才能正确处理与供应商的关系。

知识拓展

一个采购员必须做到的事情

1. 熟悉基本的采购流程

如供应商开发、询价、议价、商务谈判、合同制作、合同执行等。

2. 具备良好的沟通、交流技巧

1）在采购的任何一个环节，对供应商要做到循循善诱，突出有利可图；并且要善于管理供应商，突出你为他做了什么事情，让他感觉到你也在为他着想。

2）要善于向领导汇报，对同事或领导宣传都说是领导的决定。

3）要擅长与同事合作，如采购部同事、财务人员、物流部。

3. 要善于管理领导

做采购也就是为公司着想，为领导省钱，不管何时都要站在公司的角度想问题，站在领导的角度做事情，具体表现在以下方面：

1）成本方面。一般对老板来说，当然是越便宜越好。但具体操作时一定要讲究性价比，即从价格、质量、服务、放心度等方面综合考虑。

2）付款方面也得综合考虑，如你向老板申请付款时，必须知道一共做了多少订单，付了多少钱，供应商产品的质量如何、服务怎样、是否有其他的顾虑。即使老板不问，你也必须心中有数。

3）其他，如老板的心情、汇报时是否很忙或休息期间。

4. 专业的产品知识

有些采购员认为产品知识是其他部门同事的事情或供应商的事情，那就大错特错了。老板叫你做采购，也就是得"包干"。凡是与工作有关的，什么都得了解，什么都得知道。举例来说，一个水泵，你得知道它的流量、扬程、材质、电机厂家与功率等。

5. 适当的财务知识

如基本的单证、金蝶财务软件、ERP 管理系统、税务发票的处理。

▌任务实施

一、采购人员素质培训

要想成为一名优秀的采购人员，则要加强学习，采购人员的培训内容如图 1-8 所示。

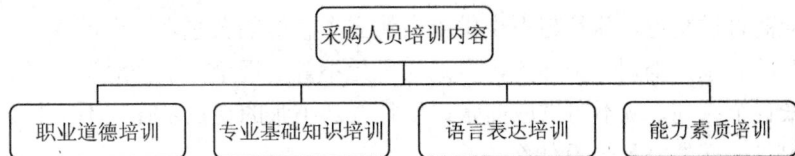

图 1-8 采购人员培训内容

二、采购人员培训的要点

（一）职业道德培训

职业道德培训主要阐述采购人员这一角色在企业经营管理服务过程中，在处理各种关系时应提倡什么、反对什么。价值观决定着一个群体和个体的行为，因此，培植、树立起企业的价值观是培训的第一课，也是最重要的培训内容。

（二）专业基础知识培训

采购人员角色的特殊性要求采购人员必须掌握多方面的知识，必须博学多识，如谈判技巧、连锁企业采购管理、商品学、市场营销学及法律基础知识和法规等。

（三）语言表达培训

从事国际采购业务的人员必须掌握 1～2 门外语；国内采购人员则要求过硬的汉语语言能力，同时应根据企业目标市场了解一些地方语言，没有过硬的语言表达本领，采购人员很难胜任岗位需求。

（四）能力素质培训

1. 专业技术能力

专业技术能力是指采购人员能按规范化操作程序操作的技术性工作能力，如制订采购计划、调查评价供应商、采购谈判等。

2. 人际关系能力

一个优秀的采购人员往往具备许多待人接物的技巧，他能理解人，善于领会别人的言语和行动所表示的意愿；他能容人，能够容忍别人的过失；他善于观察人，并能及时地对自己的个人行为可能产生的后果作出判断。

3. 组织协调能力

采购过程中的协调关系主要由各部门之间的协作构成，任何一个采购业务流程都离不开组织、计划与协作，因此组织、协作能力应是采购人员能力培训中特别强调的环节。

▌实践体验

【任务】采购员素质辩论赛。

【目的】通过采购员素质辩论赛，使学生能正确认识采购员应具备的素质。

【资料】小张是某公司的采购人员，在采购岗位上已任劳任怨地干了十年。在这十年中，他与许多供应商打过交道，并且与不少供应商建立了较好的关系，每逢过年过节，这些供应商会对小张有所表示，少则一份挂历，多则几百元不等的现金。小张对这些"表示"也一一笑纳，但小张有个原则，从不向供应商张口要什么。小张的观点是在"不牺牲公司利益"的情况下，获得供应商的好处也没什么关系。

【要求】分为两组，一组代表正方观点：小张的行为是对的，供应商对小张是善意的表示。另一组代表反方观点：小张的行为是错的，供应商对小张是贿赂行为。

项 目 小 结

连锁企业采购是指连锁企业根据连锁经营需求提出采购计划和审核计划，有目的地选择供应商，并经过严格的商务谈判，确定商品价格、交货方式及相关条件，最终签订合同并按合同要求收货付款的过程。

连锁企业采购的特征有统一采购、统一配送、购销分离、采购量大，采购计划性强。我国连锁企业常见的采购类型有传统采购、联合采购、订货点采购、招标采购、JIT 采购、供应链采购与电子商务采购等。

在采购工作实践中，采购制度主要有集中采购制度、分散采购制度和混合采购制度三种。

采购人员应履行工作职责，具备思想品德素质、知识素质和能力素质，才能成为一名优秀的采购人员。

思 考 练 习

一、单项选择题

1. 采购制度主要有集中采购制度、分散采购制度和（　　）。
   A. 混合采购制度　　　　　　　　B. 联合采购制度
   C. JIT 采购制度　　　　　　　　D. 招标采购制度

2. 连锁企业集中采购是指将各连锁企业所需要的经营物资统一由（　　）部门负责。
   A. 一个　　　　　B. 两个　　　　　C. 三个　　　　　D. 四个

3. （　　）不是集中采购制度的优点。
   A. 有利于商品的标准化　　　　　B. 可以获得谈判优势
   C. 各门店与供应商直接沟通　　　D. 有利于采购决策的专业化分工

4. （　　）指中小连锁企业为了取得规模采购的优势而进行的一种合作采购方法。
   A. 联合采购　　　　B. 招标采购　　　　C. JIT 采购　　　　D. 供应链采购

5. 连锁企业采购批量大的主要原因是（　　）。
   A. 拥有较多的供应商　　　　　　B. 拥有庞大的销售网络体系
   C. 销售商品多　　　　　　　　　D. 有高明的采购战略

二、多项选择题

1. 连锁企业采购特征包括（　　）。
   A. 统一采购　　　　B. 统一配送　　　　C. 购销分离　　　　D. 采购计划性强

2. 连锁企业常见的采购类型有（　　）。
   A. 招标采购　　　　B. JIT 采购　　　　C. 联合采购　　　　D. 电子商务采购

3. 采购人员应具备的素质包括（　　）。
   A. 思想道德素质　　B. 知识素质　　　　C. 能力素质　　　　D. 身体健康

4. （　　）是采购组织的基本类型。
   A. 集中型采购组织　　　　　　　B. 分散型采购组织
   C. 战略型采购组织　　　　　　　D. 混合型采购组织

5. 连锁企业采购的原则是（　　）。
   A. 需求原则　　　　B. 大众化原则　　　C. 差异化原则　　　D. 高周转率原则

三、判断题

1. 招标采购一般适用于小型连锁企业。　　　　　　　　　　　　　　　（　　）

2. 分散采购是指按照需要由各单位自行设立采购部门负责采购工作。　　（　　）

3. 连锁企业不会采用混合型采购组织。 ( )

4. 采购与购买是相同的。 ( )

5. 连锁企业一般实行集中采购制度，以集中采购为主。 ( )

四、简答题

1. 采购人员应具备哪些素质？

2. 连锁企业采购的特征有哪些？

3. 连锁企业采购应遵循哪些原则？

4. 连锁企业采购制度有哪些？

五、案例分析题

惠普公司的采购流程

惠普公司在采购方面一贯是放权给下面的，50 多个制造单位在采购上完全自主，因为他们最清楚自己需要什么，这种安排具有较强的灵活性，对于变化着的市场需求有较快的反应速度。但是对总公司来说，这样可能损失采购时的数量折扣优惠。现在运用信息技术，惠普公司重建其采购流程，总公司与各制造单位使用一个共同的采购软件系统，各部门依然是订自己的货，但必须使用标准采购系统。总部据此掌握全公司的需求状况，并派出采购部与供应商谈判，签订合同。在执行合同时，各单位根据数据库，分别向供应商发出订单。这一流程重建的结果是惊人的，公司的发货及时率提高了 150%，交货期缩短了 50%，潜在顾客丢失率降低了 75%，并且由于折扣，所购产品的成本大为降低。

思考下列问题：

1. 惠普公司的采购管理制度是集中采购制度还是分散采购制度？为什么？

2. 描述惠普公司的采购流程。

项 目 实 训

【任务】采购人员招聘。

【目的】通过实训，使学生能掌握采购人员应具备的素质要求。

【要求】5～6 人一组，每组确定一名组长（即主考官）准备采购职位说明书（包括采购经理职位说明书、采购员职位说明书）、准备招聘的口试与笔试问题，其他成员扮演采购应聘人员。

项目② 连锁企业采购计划与数量确定

【项目导航】

采购计划是连锁企业商品采购管理的重要一环,其主要职能是根据市场要求、连锁企业销售和采购环境等确定采购时间和采购数量。采购计划对连锁企业的经营活动起着重要作用,具体表现在:做好采购计划可以有效地规避风险,减少损失;为企业组织采购提供了依据;有利于资源的合理配置,以取得最佳的经济效益。因此连锁企业要想做好采购管理,先要从制订商品采购计划和确定商品采购数量开始。

本项目主要学习和训练如何进行采购需求调查、采购计划制订和采购数量确定的基本知识和技能,如图 2-1 所示。

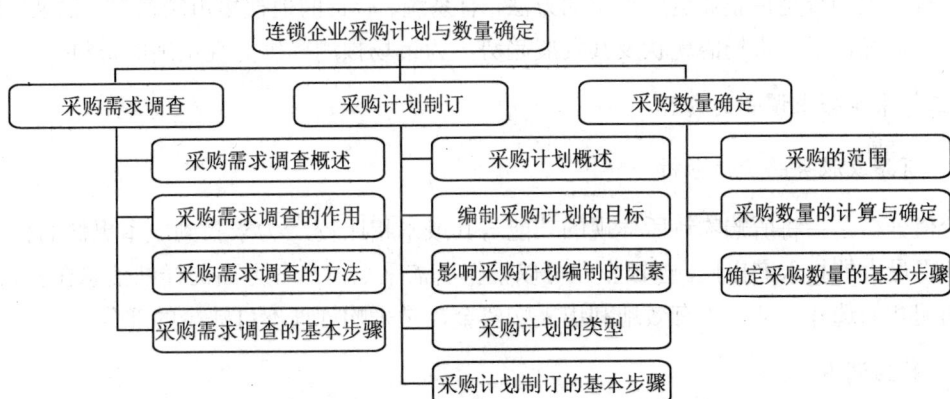

```
              连锁企业采购计划与数量确定
        ┌──────────┬──────────┬──────────┐
    采购需求调查      采购计划制订        采购数量确定
        │                │                │
   采购需求调查概述    采购计划概述        采购的范围
        │                │                │
  采购需求调查的作用  编制采购计划的目标  采购数量的计算与确定
        │                │                │
  采购需求调查的方法  影响采购计划编制的因素 确定采购数量的基本步骤
        │                │
 采购需求调查的基本步骤  采购计划的类型
                         │
                  采购计划制订的基本步骤
```

图 2-1　连锁企业采购计划与数量确定

学习目标

知识目标	能力目标	情感目标
1. 明确采购需求调查的方法和步骤	1. 调查连锁企业商品采购需求	1. 敏锐观察
2. 明确连锁企业商品采购计划编制的方法和步骤	2. 编制连锁企业商品采购计划	2. 细致严谨
3. 运用连锁企业商品采购数量的确定方法和步骤	3. 确定连锁企业商品采购数量	3. 乐于分享
		4. 乐于实践

任务 1 采购需求调查

■ 任务描述

小李是某中等职业学校毕业的一名学生，到某小型连锁企业任采购员一职，领导安排他负责日用品的采购。开始小李根据前任留下的资料，每月固定地向供应商下订单订货，完成采购。一段时间后，销售部门反馈的信息显示，由于采购的商品单一，不能满足顾客的需求，因此有的商品销售很慢，仓库里有大量存货，有的商品却时常发生缺货现象。请大家分析一下小李的问题出在哪里。

■ 任务分析

小李工作遇到了问题，是因为他对采购需求没有引起足够的重视，小李需要通过采购需求调查清楚连锁企业需要采购什么。小李要圆满完成本项工作，应该具备以下知识和技能：

1）明确采购需求调查的内容。
2）运用采购需求调查的方法。
3）制订采购需求调查的步骤。

▌相关知识

一、采购需求调查概述

（一）采购需求调查的含义

采购需求调查是指企业运用科学的方法，有系统、有目的地搜集市场信息，记录、整理、分析市场情况，了解市场的现状及其发展趋势，为市场预测提供客观正确的资料。

（二）采购需求调查的内容

1. 商品或服务的价值分析

价值分析是指将所购物料所体现的功能与其成本相比较，力求找到成本更低的替代品，从而获得最大的投入产出比。连锁企业可以根据所需采购商品各方面的详细信息在替代品之间作出明智的选择，从而更有效地利用采购资金，是采购管理不可缺少的部分。

2. 商品调查

商品调查有助于对一个主要的采购商品未来长期及短期的采购环境做出预测。这些信息构成了制定正确决策及现有的采购管理的基础，并为最高管理部门提供了有关这些商品未来供应与价格的相对完整的信息。

3. 供应商调查

供应商调查强调的重点是采购的源头。重点是采购的商品"来自谁"，如果采购人员了解的"有关现有的和潜在的供应商的经营方法及市场位置"的内容越多，他们选择及创造足够的、合适的供应来源的能力，以及准备并成功地与供应商进行谈判的能力就越强。

（三）采购需求调查的作用

采购需求调查是连锁企业及管理部门科学预测和正确决策的前提和基础,在连锁企业经营管理中具有十分重要的作用。

1. 采购需求调查是连锁企业进行经营决策的基础

现代企业经营的重心在决策。信息是连锁企业经营决策的前提。只有通过采购调查,搜集准确、及时的市场信息,并进行科学的加工处理,才能作出正确的决策,减少经营失误,把风险降低到最小限度。

2. 采购需求调查是调整和矫正采购计划执行情况的重要依据

通过市场调查可以了解采购市场情况,检查连锁企业采购计划是否正确,在哪些方面还存在不足甚至失误;可以认识客观环境是否发生变化,出现了哪些新问题和新情况,对连锁企业提供修改和矫正计划的依据。

3. 采购需求调查是改善连锁企业经营管理的重要工具

在市场经济条件下,连锁企业经营的好坏和经济效益的高低是通过市场来检验的。采购需求调查是连锁企业经营管理活动的出发点,也是了解和认识市场的一种有效方法。通过采购需求调查,取得连锁企业经营活动所需的第一手资料,就可以制定正确的采购策略,取得良好的采购效益。

二、采购需求调查的方法

由于采购需求调查具有广泛性和复杂性,需要多种调查方法来适应,连锁企业可根据市场状况和商品需要选用。常用的调查方法有以下 4 种,如表 2-1 所示。

表 2-1　采购需求调查方法

调查方法	含　义	优　点	缺　点
面谈调查法	由调查人员直接与调查对象见面,当面询问或举行座谈会,搜集信息,取得数据	直接听取对方意见,富有灵活性	成本较高,容易受调查人员技术水平的影响
观察法	调查者凭借自己的感觉感官或借助科学的观察仪器,直接了解需求情况的一种方法	有较强的直观性和可靠性;简便易行,适应性强,灵活性大等	具有一定的表面性和偶然性,受时间、空间限制;调查费用高等
实验法	在一定条件下进行小规模试验,然后对实际结果做出分析,研究是否值得推广	比较准确和可靠	实验结果不易比较,时间较长,费用较高
文案调查法	调查者运用内、外部现成资料,运用统计的方法对消费者需求进行分析的一种方法	信息量大、内容广泛、获取方便、速度快和费用低等	真实性和可靠性较差、工作量大、所获资料不完整等

■ 任务实施

一、采购需求调查的基本步骤

采购需求调查的基本步骤如图 2-2 所示。

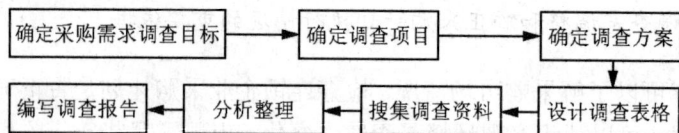

确定采购需求调查目标 → 确定调查项目 → 确定调查方案

编写调查报告 ← 分析整理 ← 搜集调查资料 ← 设计调查表格

图 2-2　采购需求调查的基本操作步骤

二、采购需求调查要点与技巧

1. 确定采购需求调查目标

调查之前，首先要确定调查的目的、内容、范围和要求，如明确调查什么问题，解决什么问题，以谁作为调查对象等。

2. 确定调查项目

在认真研究调查目标的价值、资料获得难易程度和所需费用多少的基础上，经过对比分析后，确定具体的调查项目。

3. 确定调查方案

具体内容如下：
1）调查方法：采用什么方法进行调查。
2）调查对象：由谁提供资料。
3）调查地点：在什么地方进行调查。
4）调查时间：什么时候调查最合适。
5）调查次数：一次调查或者多次调查。

4. 设计调查表格

在调查过程中，必须根据调查主题的要求，确定有关指标，设计各种不同的统计表格和问卷。调查表格和问卷的设计，必须问题具体、重点突出，使被调查者乐于合作，能准确记录和反映被调查者回答的事项，而且便于统计资料的整理。

5. 搜集调查资料

企业采购需求调查搜集的资料通常有两种：一是第一手资料，又称为原始资料；二是第二手资料，又称间接资料。

6. 分析整理

对资料的分析整理主要包括以下内容：

1）检查、核实与核对。

2）分类编号。

3）统计计算。

4）分析并得出结论。

7. 编写调查报告

在综合分析的基础上，作出结论，提出建议，写成调查报告供决策者参考。采购需求调查报告的内容包括以下几个方面。

1）引言，包括标题和前言。

2）报告主体，包括调查目的、详细的解释方法、调查结果的描述分析、调查结论与结论摘要、意见与建议等。

3）附件，包括样本的分配、图表及附录。

■ 实践体验

【任务】某校园连锁超市的采购需求调查训练。

【目的】设计采购需求调查表，调查某品牌方便面在校园的销售情况，并写成调查报告。

【要求】4～6人一组，每组确定一名组长，对某品牌方便面的基本情况、需求量、口味等进行实地调查，填写采购需求调查表，并写成采购需求调查报告。

任务 2　采购计划制订

■ 任务描述

小李在采购部门负责日用品的采购工作，1月末，需要上报下月度的日用品采购计划，作为新人，小李对采购计划知之甚少，小李该从哪些方面入手制订月度采购计划呢？

■ 任务分析

采购计划是连锁企业对整个采购活动所作的整体安排，是整个采购运作的第一步。因此采购计划的合理编制对企业而言具有重要的意义。小李要顺利完成本工作，应从以下3个方面着手：

1）明确编写商品采购计划的目标。

2）分析影响商品采购计划编制的因素。

3）制订合理的商品采购计划编制步骤。

■ 相关知识

一、采购计划概述

连锁企业商品采购计划（以下简称采购计划）是指根据市场要求、连锁企业销售和采购环境容量等确定采购时间、采购数量及如何采购的作业活动。合理的采购计划可以使企业的采购管理有条不紊地顺利实现。

二、编制采购计划的目标

连锁企业编制采购计划的总目标：获得的商品满足价格、质量、数量方面的要求，并以准确的时间发往正确的地点；商品必须来源于可靠的、及时地履行其承诺和义务的供应商。同时，与之相适应的，还要获得合适的服务。具体表述如下：

1）预估商品的需求量，防止缺货。

2）避免商品储存过多，占用资金和存储空间。

3）配合连锁企业销售计划与资金调度。

4）便于采购部事前准备，选择有利时机采购。

5）做好采购方式、采购批量、采购周期的决策，达到确保供应、降低采购物流成本的目的。

三、影响采购计划编制的因素

连锁企业采购计划一般以销售为起点，而销售则受到多种因素的影响。这些因素直接影响到连锁企业采购计划的制订。连锁企业在编制采购计划时应着重考虑几个因素，如图 2-3 所示。

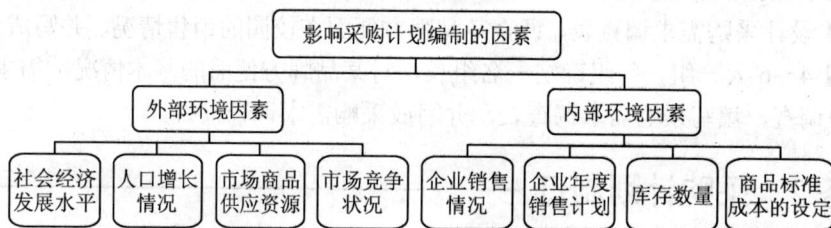

图 2-3　影响采购计划编制的因素

（一）外部环境因素

1. 社会经济发展水平

一个国家或地区的经济发展水平直接影响到居民的收入水平，从而影响其购买力。一般来讲，经济越发达，居民的购买力越强，对商品的需求量就越大，对商品种类和质量的要求也越高；反之亦然。因此，连锁企业在制订采购计划时应充分考虑当地的社会经济发展水平和居民的购买力状况。

2. 人口增长情况

在收入水平不变的情况下，人口的增长会增加社会总体的购买力，增加对商品的需求量。因此，连锁企业在制订采购计划时，应根据所在商业圈内人口的增长情况加以变化调整。

3. 市场商品供应资源

连锁企业的供应商群体的质量好坏直接关乎企业商品采购的质量和效率，也直接影响着采购计划的制订。同时，市场商品供应的形势及走向，也使连锁企业的采购计划作出相应的反应。

4. 市场竞争状况

连锁企业制订采购计划还受到竞争企业的影响，为了在竞争中保持相应的地位，在拟订计划时，应在商品结构、进货成本、商品价格、服务水准及商品质量等方面与竞争企业取得平衡。

（二）内部环境因素

1. 企业销售情况

企业销售效率的高低直接决定了实际销售量与预计销售量的误差。当销售效率高时，采购计划将适当调高商品采购量，以免出现供不应求的现象，以致错失销售时机；当销售效率有降低趋势时，采购计划将适当降低商品采购量，避免发生商品积压现象。

2. 企业年度销售计划

连锁企业采购计划根源于销售计划，如果销售计划比较乐观，则采购计划比较乐观；如果销售计划比较保守，则采购计划比较保守。

3. 库存数量

采购数量必须扣除库存数量，对库存数量的分析可以根据配送中心或者仓管部门提供的资料进行综合。每个企业必须保持一定的安全库存。通常，对零售企业而言，平均保持一周至半个月左右销售量的安全库存是比较经济和切实可行的。

4. 商品标准成本的设定

连锁企业在制定商品采购预算时，因为不容易准确预测商品的价格，所以多以标准成本替代拟购商品的价格。为了保证标准成本有较高的准确性，在设定标准成本时，应以过去的采购资料为依据。

四、采购计划的类型

1. 年度采购计划

年度采购计划反映大类或类别商品的订购总量，据以同市场资源进行平衡，同企业内部进、销、存能力进行平衡；同企业的计划销售量、资金、费用、盈利等指标进行平衡。

2. 季度、月份采购计划

季度或月份采购计划是按具体规格编制的，它是具体组织采购的依据，如表 2-2 所示。

表 2-2　××年××季度采购计划

序号	商品名称	规格	单位	单价	订购量	总价	订购安排						供应商
							月份		月份		月份		
							数量	订购单号	数量	订购单号	数量	订购单号	

任务实施

一、采购计划制订的基本步骤

采购计划制订的基本步骤如图 2-4 所示。

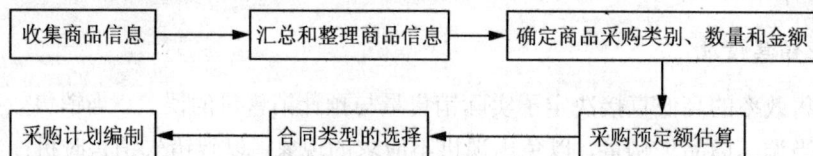

```
收集商品信息  →  汇总和整理商品信息  →  确定商品采购类别、数量和金额
                                              ↓
采购计划编制  ←  合同类型的选择  ←  采购预定额估算
```

图 2-4 采购计划制订的基本步骤

二、采购计划制订要点与技巧

（一）收集商品信息

1. 所需信息

商品所需信息包括商品供求状况、所处行业的经营状况、竞争对手有关数据分析及连锁企业历年商品销售量。

2. 收集商品信息的方法

商品信息的收集有两个方面：一是现成资料，它是指从连锁企业内、外部获取的以文献记载为主的已有资料，是二手资料；二是原始资料，它是指通过实地调查等得到的一手资料。

（二）汇总和整理商品信息

通过人工或者计算机汇总和整理商品信息。

（三）确定商品采购类别、数量和金额

商品采购计划编制的核心是商品采购类别、数量和金额。连锁企业在整理商品信息时应从确定商品类别、确定商品数量，以及确定供货商和进货时间三个方面着手。

（四）采购预定额估算

采购预定额的估算应考虑营业目标、库存情况及各种损耗。

（五）合同类型的选择

不同的合同类型决定了风险在买方和卖方之间的分配。常见的合同可分为成本加成本百分比合同、成本加固定费用合同、成本加奖励费用合同、固定价格加奖励费用合同及固定总价合同等。

（六）采购计划编制

根据企业采购分析的结果和所选择的合同类型编制采购计划，说明如何对采购过程进行管理。具体包括：合同类型、组织采购的人员、管理潜在的供应商、编制采购文档及制定评价标准等。

▌实践体验

【任务】某连锁校园超市某品牌方便面的月度采购计划编制训练。

【目的】调查搜集方便面的需求信息，编制月度采购计划。

【要求】4～6人一组，每组确定一名组长，对该品牌方便面的基本情况、竞争对手及需求状况等进行实地调查，根据调查结果，编制采购计划。

任务 3　采购数量确定

▌任务描述

小李在制订月度采购计划中，在采购数量的确定问题上犯了愁，采购数量该如何确定才合理呢？

▌任务分析

采购的商品数量会影响到企业的销售和库存，关系到企业的销售成本和经营效益。因此如何确定采购数量是采购决策中的关键。小李要顺利完成本工作，应从以下3个方面着手：

1）明确连锁企业商品采购的范围。

2）运用恰当的采购数量计算方法。

3）确定合理的采购数量步骤。

▌相关知识

一、采购的范围

根据在一年中的销售波动情况，商品一般可分为4种。

1. 一年中各月销路均稳定的商品

大部分家用电器、五金器具、书籍、土特产和内衣等商品在一年中销路稳定，采购此类商品时要考虑销售趋势，而销售趋势可以根据前一年的同期销售额或本年中前几个月的销售额进行判断。

2. 应季商品

冬装、夏装、太阳镜、游泳衣、羽绒服等均是应季商品。应季商品最好在销售旺季到来之前采购。由于应季商品的季节性强，因而要做好预测工作。预测应季商品的需求要以过去的商品周转经验、前一时期的销售额、季节长度、销售价格、促销与广告、竞争和专业工作者的预测等为依据。

3. 时髦商品

女士时装、太阳镜、饰品等都是时髦商品，这些商品一般要比销路稳定的商品价格贵，需求量有急剧起伏，过量采购可能会产生灾难性后果，一旦过时则难以出手。这些商品的采购量往往依据过去的相关经验确定，尽量小批量采购。

4. 易变质商品

鲜肉、水果、蔬菜等均属于易变质食品，如果采购量超过了销售所需，商品不再新鲜，则在正常价格上难以出售。这些商品的采购量往往依据过去的相关经验确定。

知 识 拓 展

经济学中有条德尔菲气象定律：气象投入与产出比为1∶98，即企业在气象信息上投资1元，便可以得到98元的经济回报。德国商人发现，夏季气温每上升1℃，就会新增230万瓶的啤酒销量，气象公司便开发出啤酒指数。日本则开发出空调指数，因为他们发现在夏季30℃以上的气温多一天，空调销量即增加4万台。此外，还有天气与客流量分析的乘车指数、冰激凌指数、泳装指数、食品霉变指数等各种指数，用来帮助连锁企业预测并提前确定采购计划。

二、采购数量的计算与确定

（一）确定采购数量的依据

1. 销售计划

销售预测加上人为的判断，即可拟订销售计划或目标。销售计划是标明各种产品在不同时间的预期销售数量。

2. 商品清单

通过前一段时间的商品销售清单进行统计和分析，为下一步的采购数量的确定提供依据。某连锁企业某商品的销售清单如表2-3所示。

表2-3　某连锁企业某商品的销售清单

日　期	单　号	货品编码	货品名称	单　位	颜　色	数　量	单　价
2012年2月1日	4025	2097	跑鞋	双	深蓝白	1	¥90.00
2012年2月1日	4026	2108	跑鞋	双	白深蓝	1	¥88.00
2012年2月1日	4027	5160	休闲鞋	双	深蓝白	1	¥70.00
2012年2月1日	4029	2139	休闲鞋	双	米黄	1	¥120.00
2012年2月1日	4021	2137	休闲鞋	双	米黄	1	¥120.00
2012年2月1日	4022	5181	休闲鞋	双	黑米黄	1	¥80.00

3. 库存量管理卡

商品采购数量要考虑商品的现有库存量。某连锁企业某商品的库存量管理卡如表2-4所示。

表2-4　某连锁企业某商品的库存量管理卡

日　期	现有存货	进	出
2012年2月1日	2	—	—

日　　期	现 有 存 货	进	出
2012 年 2 月 2 日	26	—	1
2012 年 2 月 3 日	38	12	—
2012 年 2 月 4 日	36	—	2
2012 年 2 月 5 日	35	—	1
2012 年 2 月 6 日	32	—	3

（二）确定采购数量的方法

采购量的大小决定销售的顺畅与否及资金的调度。商品采购量过大，会使存货储备成本过高及资金积压；商品采购量过小，则商品采购的价格提高，因此，适当的采购量是非常必要的。决定最适当的采购数量常有以下方法。

1. 经济订购批量法

经济订购批量法，简称 EOQ（economic ordering quantity）法，是指在保证销售正常进行的前提下，以库存支出的总费用最低为目标，确定订货批量的方法。经济批量的计算必须在已知计划期间的需求量、保管费等数据的情况下，才能计算得出。算出结果后就将之作为一定期间内的订货批量，直到各项费用和需求数量有较大变动时，才会有所变动。

某企业每次订购费用 S 为 45 元，储存成本 C 为 1.5 元（每周），商品单位成本 U 为 1 元，平均每周净需求 A 为 9，则 EOQ 的计算公式及答案为

$$EOQ = \sqrt{\frac{2AS}{UC}} = \sqrt{\frac{2 \times 9 \times 45}{1 \times 1.5}} = 23$$

具体订购示例计划如表 2-5 所示。

表 2-5　某企业各周净需求与计划订购表

周	1	2	3	4	5	6	7	8	9	10	11	12	合计
净需求		10	10		14		7	12	30	7	15	5	110
计划订购		23			23			23	23		23		115

2. 固定数量法

固定数量法，简称 FOQ（fixed ordering quantity），是指每次订购的数量都相同，订购的数量是凭过去的经验或直觉，但也考虑销售量的限制、包装或运输方面的限制及储存空间的限制等。这种方法不考虑订购成本和储存成本这两项因素。

具体订购示例计划如表 2-6 所示。

表 2-6　某企业各周净需求与计划订购表

周	1	2	3	4	5	6	7	8	9	10	11	12	合计
净需求		10	10		14		7	12	30	7	15	5	110
计划订购		40					40		40				120

3. 直接批量法

直接批量法，简称 LFL（lot for lot）。它将每个时期的净需求量直接用作订货批量，每一期均不留库存数。这种方法适用于订购成本不高的采购。

具体订购示例计划如表 2-7 所示。

表 2-7　某企业各周净需求与计划订购表

周	1	2	3	4	5	6	7	8	9	10	11	12	合计
净需求		10	10		14		7	12	30	7	15	5	110
计划订购		10	10		14		7	12	30	7	15	5	110

4. 固定期间法

固定期间法，简称 FPR（fixed period requirement），是指每次订购期间固定，但订购数量有变动，期间长短的选择是凭过去的经验或主观来判断。订购成本较高时，可以考虑此法。

具体订购示例计划如表 2-8 所示。

表 2-8　某企业各周净需求与计划订购表

周	1	2	3	4	5	6	7	8	9	10	11	12	合计
净需求		10	10		14		7	12	30	7	15	5	110
计划订购	25				30				60				115

■ 任务实施

一、确定采购数量的基本步骤

确定采购数量的基本步骤如图 2-5 所示。

图 2-5　确定采购数量的基本操作步骤

二、确定采购数量要点与技巧

1. 分析影响采购数量的因素

影响采购数量的因素如图 2-6 所示。

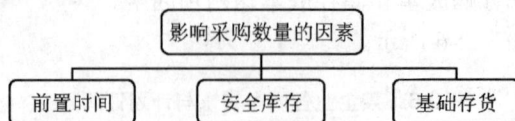

图 2-6　影响采购数量的因素

1）前置时间。从发出采购订单到收到货物的这段时间称为前置时间。前置时间的长度与存货水平有一定的关系。一般而言，前置时间长，存货水平也应高一些。

2）安全库存。安全库存是指为了防止不确定性因素（如大量突发性订货、交货期突然延期、临时用量增加、交货误期等特殊原因）而预计的保险储备量。

3）基础存货。门店货架上应保持足够的商品，以满足顾客购买，这称为基础存货。

2. 计算适当的采购数量

根据连锁企业采购的特点，使用合适的采购数量计算方法，正确计算采购的数量。

3. 选择合适的订货时间

确定了采购商品的品种和数量后，还要确定采购时间，以保证无缺货事故的发生。常用的采购时间有以下两种，如表2-9所示。

表2-9　商品采购时间

采购时间	含　义	特　点	优　点	缺　点
定时采购	每隔一个固定时间采购一批商品，采购商品数量的计算以这段时间销售掉的商品为依据	采购周期固定，采购批量不固定	可以制订周密的采购计划，便于采购管理，并能得到多种商品合并采购的好处	不能随时掌握库存动态，易出现缺货现象，盘点工作较复杂
不定时采购	每次采购的数量相同，而每次采购的时间则根据库存量降到一定点来确定。也称为采购点法	采购批量固定，采购时间不固定	随时掌握商品变动情况，采购及时，不易出现缺货现象	难以制订周密的采购计划，不便于采购管理，不能享受集中采购的价格优惠

■ 实践体验

【任务】某校园连锁超市某品牌方便面采购数量的确定训练。

【目的】通过对该品牌方便面需求的调查，学生计算经济订购批量。

【要求】4～6人一组，每组确定一名组长，对超市某品牌方便面需求状况进行实地调查，根据调查结果，规划最合理的采购方案。

项 目 小 结

采购计划是连锁企业整个采购运作的第一步。连锁企业在商品采购上需要对采购什么、采购多少、从哪里采购、何时采购等一系列问题进行抉择，并以此制订采购计划，以便加强采购管理。

采购什么？这就需要采购需求调查。采购市场调查的方法通常有面谈调查法、观察法、实验法和文案调查法。采购需求调查有确定采购需求调查目标、确定调查项目、确定调查方案、设计调查表格、搜集调查资料、分析整理和编写调查报告等步骤。

在制订采购计划过程中，要充分考虑影响采购计划编制的因素，有社会经济发展水平、人口增长情况、市场商品供应资源、市场竞争状况等企业外部环境因素，也有企业销售情况、企业年度销售计划、库存数量、商品标准成本的设定等企业内部环境因素。采购计划制订的基本步骤：收集商品信息、汇总和整理商品信息、确定商品采购类别、数量和金额、采购预定额估算、合同类型的选择和采购计划编制等。

采购多少？何时采购？这就需要确定采购数量。采购的商品数量，会影响到企业的销售和库存，关系到企业的销售成本和经营效益。因此如何确定采购数量是采购决策中的关键。采购有大量采购和适量采购，通常连锁企业适量采购时，可以使用经济采购批量来确定采购数量。确定了采购数量，就需要确定商品采购的时间，可以定时采购，也可以不定时采购。确定采购数量通常有分析影响采购数量的因素、计算适当的采购数量和选择合适的订货时间等基本步骤。

思 考 练 习

一、单项选择题

1. 采购调查一般包括价值分析、（　　）及供应商调查。

　　A. 采购市场调查　　　　　　　　B. 商品类别调查

　　C. 商品需求调查　　　　　　　　D. 零售商调查

2. 采购需求调查报告的内容包括引言、（　　）和附件。

　　A. 标题　　　　　　　　　　　　B. 报告主体

　　C. 调查目的　　　　　　　　　　D. 前言

3. （　　）就是连锁企业为实现采购成本最小化，采用规模经济原则，一次性与供应商（基本上是制造商）签订大宗采购合同来采购商品。

　　A. 大量采购　　　　　　　　　　B. 集中采购

　　C. 适量采购　　　　　　　　　　D. 经济批量采购

4. 连锁经营采购计划的类型有年度采购计划和（　　）。

　　A. 季度、月份采购计划　　　　　B. 季度采购计划

　　C. 月份采购计划　　　　　　　　D. 日采购计划

5. 采购批量与采购费用成（　　）关系，与保管费用成（　　）关系。

　　A. 正比 反比　　　　　　　　　B. 正比 正比

　　C. 反比 正比　　　　　　　　　D. 反比 反比

二、多项选择题

1. 采购市场调查的常用方法有（　　）。

　　A. 面谈调查法　　　　　　　　　B. 观察法

　　C. 实验法　　　　　　　　　　　D. 文案调查法

2. 影响采购计划编制的企业内部环境因素有（　　）。

　　A. 企业销售情况　　　　　　　　B. 企业年度销售计划

　　C. 市场商品供应资源　　　　　　D. 商品标准成本的设定

3. 以下属于编写采购计划的目标的是（　　）。

　　A. 预估商品的需求量，防止缺货

　　B. 避免商品储存过多，占用资金和存储空间

　　C. 配合连锁企业销售计划与资金调度

　　D. 便于采购部事前准备，选择有利时机采购

4. 采购数量确定的依据有（　　　）。
    A. 销售计划
    B. 生产计划
    C. 商品清单
    D. 库存量管理卡

5. 影响采购数量的因素有（　　　）。
    A. 前置时间
    B. 安全库存
    C. 基础存货
    D. 存货水平

三、判断题

1. 适量采购就是对市场销售均衡的商品，在连锁企业保有适当的库存条件下，确定合适的数量来采购商品。（　　　）

2. 调查表格和问卷的设计，必须是问题具体、重点突出，使被调查者乐于合作，能准确记录和反映被调查者回答的事项，而且便于统计资料的整理。（　　　）

3. 预测时髦商品的需求要以过去的商品周转经验、前一时期的销售额、季节长度、销售价格、促销与广告、竞争和专业工作者的预测等为依据。（　　　）

4. 经济采购批量就是最经济的一次订购商品的数量，即采购费用和保管费用之和最低的一次采购量。（　　　）

5. 不定时采购的特点是采购周期固定，采购批量不固定；定时采购的特点是采购批量固定，采购时间不固定。（　　　）

四、简答题

1. 采购需求调查的步骤有哪些？
2. 采购计划制订的步骤有哪些？
3. 采购数量确定的步骤有哪些？

五、案例分析题

苏宁电器集团的采购管理

苏宁电器集团的采购体系由采购中心、分销中心销售管理部、地区分支公司销售部和连锁企业采购员组成，并对所有的供货资源负责。苏宁电器集团实行集中式采购管理，集中包括决策的集中、计划的集中和信息的集中。在采购方面，苏宁电器集团依据实际情况，适当分散采购权力，地区分支公司可在计划范围内自行采购，加强了与供应商在当地的合作。苏宁电器集团采购管理的内容如下：

1）采购中心完成对苏宁电器集团产品资源的分类，包括各地区产品资源的分类。

2）采购中心与分销中心制定采购政策，包括采购中心、地区分支公司、连锁企业的年度、月度采购计划。

3）采购中心与供应商谈判，审定与供应商的供货协议，审核连锁企业 C 类产品能否进入苏宁产品资源平台。

4）连锁发展部与加盟企业谈判，确定连锁企业的产品资源进入与具体采购计划。

5）采购中心按照计划和需求调整、维护与供应商的合作关系，并安排和执行采购任务。

6）采购中心对采购总成本进行核算，和分销中心配合制定产品销售价格区间。

7）采购中心与分销中心配合，安排有关产品退货至厂家。

8）采购中心和财务部配合，安排与厂家的结算；销售部与财务部配合，安排与连锁店之间的结算。

思考下列问题：

连锁企业制订采购计划可借鉴苏宁电器集团哪些经验？

项 目 实 训

【任务】制订连锁企业商品采购计划。

【目的】通过采购计划训练，使学生掌握采购计划制订的具体步骤，培养学生分析问题和解决问题的能力。

【资料】李宁是著名的运动时尚体育品牌，现某城市有十家加盟店，由某公司统一管理。该城市为北方内陆城市，每年春秋季节很短，夏季和冬季漫长。该公司在销售货品时经常出现春夏服装商品积压现象，最后不得不退回厂家或者折价处理。

【要求】4～6人一组，每组确定一名组长，根据相关资料，制订商品采购计划。

项目 ③ 连锁企业采购价格与成本管理

【项目导航】

目前连锁企业为了获取更大利润，在具体采购的过程中，希望采购商品的价格最低，从而获得更多的利润，因此商品的价格往往成为连锁企业与供应商谈判中的焦点。连锁企业的商品采购价格通常是先由供应商报价，再由采购人员收集所接受的报价单，并进行初审，对通过初审的品项进行访价，访价的目的是将调查的 3 家或 4 家以上竞争对手的价格进行比价，从而作为议价的基础。连锁企业利用这一方式确定商品的采购价格，仅仅从表面上对价格做了简单的比较，而没有更深入地考察供应商所定的商品价格是否合理。

本项目主要学习和训练如何确定采购价格、确定商品定价和控制采购成本的基本知识和技能，如图 3-1 所示。

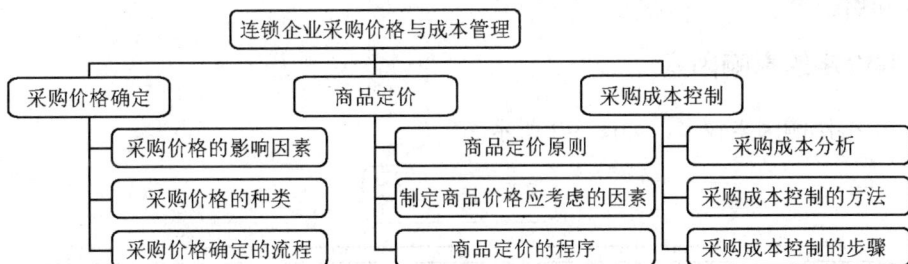

图 3-1　连锁企业采购价格与成本管理

学习目标

知识目标	能力目标	情感目标
1. 陈述采购价格与成本管理的基本内容	1. 会调查和分析采购价格	1. 客观公正
2. 运用采购定价、商品定价和采购成本控制的方法	2. 会根据实际情况制定商品价格	2. 团队意识
3. 明确采购定价、商品定价和采购成本控制的步骤	3. 合理制定采购价格并控制采购成本	3. 实事求是
4. 列举采购成本控制的策略	4. 会选择控制采购成本的策略	4. 法制意识

任务 1 采购价格确定

■ 任务描述

某连锁企业公司将一位采购员提升为采购业务经理。没过多久，就听到这位经理到处宣扬，他挑选用量最大的商品，重新进行了询价，从一家供应商转移到另一家，价格降低了多少幅度，每年能节省多少采购成本等。下面来看一下这家公司自从新的采购政策出台以后出现的一些新问题。

首先，供应商按时交货率下降；其次，失去了供应商的信任与协作；最后，因为采购价格过低，个别供应商以次充好，出现严重的质量事故，导致企业蒙受重大损失。

你认为新上任的采购业务经理有没有错，为什么？那么何谓采购价格？采购价格受什么因素影响？采购商应如何来确定采购价格呢？

■ 任务分析

这位新上任的采购业务经理之所以犯这样的错误主要是由于他缺乏采购价格与成本管理的知识，采购价格是指企业进行采购作业时，通过某种方式与供应商之间确定的所需采购的物品和服务的价格。为了挽回局面，他应该首先具备以下知识和技能：

1）能正确分析影响采购价格的各个因素。

2）了解供应商产品成本的构成。

3）会应用正确的途径对采购价格进行调查。

4）会分析采购价格调查结果，利用正确的方式确定采购价格。

▌相关知识

一、采购价格的影响因素

采购价格影响因素较多，如图 3-2 所示。

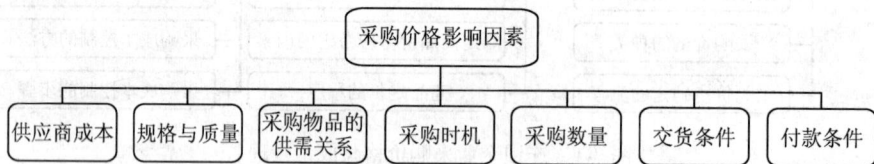

图 3-2 采购价格影响因素

1. 供应商成本

供应商成本是影响采购价格最根本、最直接的因素。供应商进行生产，其目的是获得一定利润，否则生产无法继续。因此，采购价格一般在供应商成本之上，两者之差即为供应商的利润，供应商的成本是采购价格的底线。一些采购人员认为，采购价格的高低全凭双方谈判的结果，可以随心所欲地确定，其实这种想法是完全错误的。尽管经过谈判供应商大幅降价的情况时常出现，但这只是因为供应商报价中水分太多的缘故，而不是因谈判而随心所欲决定商品的价格。

2. 规格与质量

采购商品价格的高低与其规格和质量也有很大的关系。连锁企业对采购商品的规格要求越复杂、质量越高，采购价格就越高。如果采购品的质量一般或质量低下，采购价格就较低，有时供应商会主动降低价格，以求赶快脱手，有时甚至会贿赂采购人员。采购人员应首先确保采购商品能满足本企业的需要，质量能满足产品的设计要求，千万不要只追求价格最低，而忽略了质量。

3. 采购商品的供需关系

采购商品的市场结构对采购价格的影响直接表现为供求关系，当企业需采购的商品为紧俏商品时，则供应商处于主动地位，会趁机抬高价格；当企业所采购的商品供过于求时，则采购企业处于主动地位，可以通过讲价获得最优的价格。

4. 采购时机

当某种商品处于销售的旺季时，企业对商品需求紧急，因此不得不承受更高的价格，否则就可能造成缺货脱销的情况。避免这种情况的最好办法是提前根据销售计划制订出相应的采购计划，为销售旺季的到来提前做好准备。

5. 采购数量

如果采购数量大，连锁企业就会享受供应商的数量折扣，从而降低采购的价格。因此，大批量、集中采购是降低采购价格的有效途径。

6. 交货条件

交货条件也是影响采购价格的非常重要的因素，交货条件主要包括运输方式、交货期的缓急等。如果货物由连锁企业来承运，则供应商就会降低价格；反之，就会提高价格。有时为了争取提前获得所需商品，连锁企业会适当提高价格。

7. 付款条件

在付款条件上，供应商一般都规定有现金折扣和期限折扣，以刺激连锁企业能提前用现金付款。

二、采购价格的种类

依据不同的交易条件，采购价格会有不同的种类。采购价格一般由成本、需求及交货条件决定，一般有送达价、出厂价、现金价、期票价、净价、毛价、现货价、合约价和实价等，其概念和特点如表 3-1 所示。

表 3-1　采购价格种类

采购种类	概　念	特　点
送达价	供应商报价中包含负责将商品送达连锁仓库或指定地点的各种费用	包括货物抵达连锁企业之前的一切运输费、保险费、进口费和报关费等
出厂价	供应商的报价中不包括运送责任	连锁企业雇用运输工具，前往供应商的仓库提货
现金价	以现金或相等的方式支付货款	可使供应商免除交易风险，而且连锁企业可以享受现金折扣

续表

采购种类	概　　念	特　　点
期票价	连锁企业以期票或延期付款的方式来采购商品	连锁企业会把延期付款期间的利息加入售价中
净价	供应商实际收到的货款	连锁企业不再支付任何交易过程中的费用
毛价	供应商的报价可以因为某些因素加以折让	供应商会因为企业采购金额较大，而给予一定的折扣
现货价	连锁企业每次订货时，与供应商按交易当时的行情重新议定价格	此方式采购最为频繁，可避免价格波动的风险
合约价	买卖双方按照事先议定的价格进行交易	价格议定在先，会造成合约价与现货价的差异，使买卖双方发生利害冲突
实价	连锁企业实际上所支付的价格	供应商为了达到促销的目的，提供优惠条件给买方，如数量折扣等，使企业实际采购价格降低

■ 任务实施

一、采购价格确定的流程

采购价格确定流程如图 3-3 所示，具体说明如表 3-2 所示。

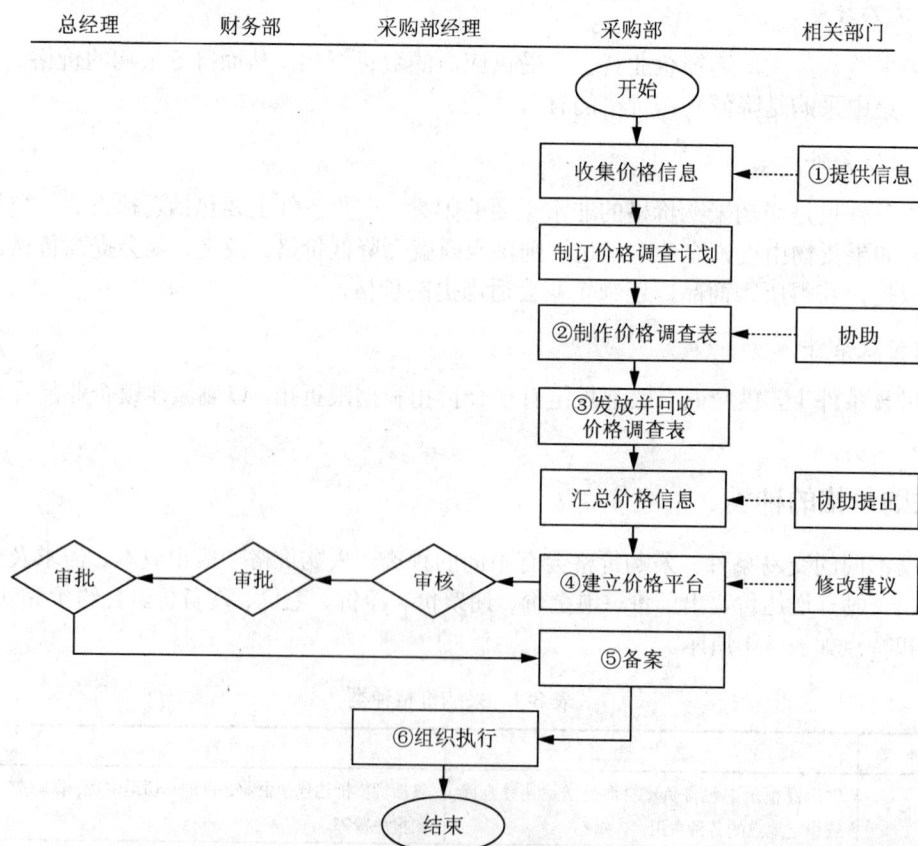

图 3-3　采购价格确定流程

表 3-2　采购价格确定流程说明

节 点 控 制	相 关 说 明
①	生产部、市场营销部等相关部门配合采购部价格信息的收集工作，及时提供相关价格信息
②	采购部制作价格调查表，价格调查表可分为内部调查和外部调查
③	采购部发放内部价格调查表和外部价格调查表，进行价格调查，生产部、市场营销部等相关部门配合调查
④	采购部对汇总数据进行整理和分析后建立价格平台
⑤	采购部对审批通过的价格体系进行备案
⑥	采购经理按照价格平台的体系进行采购价格管理，采购人员执行价格平台体系，执行中发现问题及时修正

二、采购价格确定的要点与技巧

（一）采购价格调查

企业所采购的商品按其性质划分，可分为"高价物品"、"中价物品"和"低价物品"三类。在采购价格调查前，企业有必要先确定价格调查范围。

1. 调查范围的确定

在大型连锁企业里，商品种类不下万种，但限于人手，要做好采购价格调查谈何容易。因此，企业要了解帕累托定理里所说的"重要少数"，就是通常数量上仅占 20% 的商品，而其价值却占全体总值的 80%。假如企业能掌握住 80% 左右价值的"重要少数"，那么就可以达到控制采购成本的真正效益，这就是重点管理法。对于列入采购价格调查范围的商品，应填写价格调查表（表 3-3）进行价格调查。

表 3-3　价格调查表

企业名称：						
联系人：		联系电话：		联系人 E-mail：		
产品名称	购买数量/套	今日价格	昨日价格	增减幅度/%	上周价格	上月价格	备注（优惠）

注：本调查表仅用于企业采购调查，不作任何其他用途，请认真如实填写。

2. 信息收集方式

1）上游法，即了解拟采购的商品是由哪些零部件或材料组成的，换言之，查询制造成本及产量资料。

2）下游法，即了解采购的商品用在哪些地方，换言之，查询需求量及售价资料。

3）水平法，即了解采购的商品有哪些类似产品，换言之，查询替代品或新供货商的资料。

（二）询价

询价的时候就必须特别注意是否已提供给供应商足够的资料，来方便其报价作业。

1. 询价的方式

询价的方式有两种，如表 3-4 所示。

表 3-4　询价方式

询价方式	含　义
口头询价	由采购人员以电话或当面向供应商说明采购的品名、规格、单位数量、交货期限、交货地点、付款及报价期限等资料的询价方式
书面询价	鉴于口头询价可能发生语言沟通上的错误，且口说无凭，若将来发生报价或交货规格上的差池，不但浪费时间，也容易引起交易纠纷，因此，对于规格复杂且不属于标准化的产品，应采用书面询价

2. 询价文件

为了避免日后造成采购人员与供应商各说各话，以及在品质认知上的差异，采购人员对于询价时所应提供资料的准备就不能马虎。因为完整及正确的询价单可帮助供应商在最短的时间提出正确、有效的报价。一个完整的询价函至少应包括下列几个主要的部分。

1）询价项目的品名与料号。

2）询价项目的数量。

3）询价项目的规格书。

4）询价项目的品质规范要求。

5）询价项目的报价基础要求。

6）询价项目的交货期要求。

7）询价项目的包装要求。

8）买方的付款条件。

9）运送地点与交货方式。

10）询价项目的售后服务与保证期限要求。

11）供应商的报价到期日。

12）保密协定。

13）采购人员与技术人员的姓名及联络电话。

（三）报价

报价即采购方根据需要采购的商品向供应商发出询价或征购函，请其正式报价的一种采购方法。通常由供应商寄发报价单进行执行，内容包括交易条件及报价有效期等，必要时另寄"样品"及"说明书"。报价只有经采购方完全同意接受后，双方的买卖契约才算成立。

（四）议价

在采购活动中，议价是一个交易的过程（包括计划、总结、分析和让步）。采购人员和销售商都带着各自的观点和目的参与其中，期望在采购交易各方面，包括价格、服务、规格、技术和品质要求及支付条款等达成相互满意的协议。议价的内容多是采购企业与供应商共同关心但又存在一定分歧的问题，如价格的高低、供货期的长短、运费由谁承担等。

▌实践体验

【任务】模拟某百货连锁企业的采购询价训练。

【目的】扮演供应商和采购员,填写采购询价记录表(表 3-5)和询价结果一览表(表 3-6)。

【要求】4~6 人一组,每组确定一名组长,确定要询价的商品,并挑选组员扮演供应商和采购员的角色,最终完成表格填写。

表 3-5 采购询价记录表

采购计划单工作号		询价单工作号		申请采购商品序号	
供应商	电话	供应商报价/元			备注
		出厂价	批发价	零售价	
	平均价				
询价员		询价员工号		询价日期	___年___月___日

表 3-6 询价结果一览表

( ) 购___字第_____号 　　　　　　　　　　　　　　填写日期:___年___月___日

请购单编号	材料编号	规格说明	单位	数量	说明
1. 报价须知	(1)交货期限	□需于___年___月___日以前交清 □订购后___天内交清			
	(2)交货地点				
	(3)付款办法	□交货验收合格后付款 □检验合格后付款			
	(4)订购方法	□分项订购 □总金额为准			
2. 报价期限	请于___年___月___日___时以前予以报价				

任务 2 商品定价

▌任务描述

小李应聘到一家连锁超市担任分店店长助理的职务,上班第一天,店铺里就到了一批新货,另外还有部分商品的价格需要调整,店长分了几件商品给小李,让小李给商品定价格。

▌任务分析

连锁企业的定价是企业营销战略的重要组成部分,而且价格直接关系着连锁企业的经济效益,因此商品定价对连锁企业来说尤为重要。小李要顺利完成本工作,应从以下 4 个方面着手:

1)明确商品定价的原则。

2)明确制定商品价格应考虑的因素。

3)分析影响商品价格的因素。

4)结合超市实际情况按照定价程序确定商品价格。

▌相关知识

一、商品定价原则

商品价格是在市场竞争过程中，由供需双方根据商品供求状况所确定的交易条件。商品定价是连锁经营管理的主要内容，价格制定得恰到好处是企业经营成功的主要条件之一，它可以促进企业商品销售，实现企业经营目标。为此，连锁企业必须按照一定原则进行商品定价。

1. 薄利多销原则

"薄利多销、以量定价"是连锁经营定价的基本原则，这是因为连锁企业实行的是规模经营，大多数企业主要经营中低档的日常用品，商品差异性不大，市场竞争激烈。在此情况下，谁追求厚利高价，谁就会失去市场份额。所以，连锁企业必须贯彻薄利多销原则，尽可能地降低商品价格，以实现规模效益。

2. 物有所值原则

物有所值是指连锁企业所出售商品的价值要大于或等于价格。如果价值大于价格，就会产生"消费者剩余"，简单地说，就会使消费者感到合算，从而愿意购买；如果价值等于价格，这时虽无"消费者剩余"，但也不会吃亏，所以消费者如确有需要也会愿意购买；如果价值小于价格，消费者就会感到不合算，所以会尽量避免购买。因此，在制定价格时必须从消费者角度来考虑商品价值，并让消费者了解商品价值，这样才能使消费者接受，商品的价格才具有竞争力。

知识拓展

消费者剩余是指消费者为购买一种商品愿意支付货币量减去其实际支付量的节余部分。消费者剩余衡量了消费者自己感觉到所获得的额外利益。例如，某个商品价格为 20 元，可消费者认为其价值应该是 30 元，那么消费者剩余是 10 元。消费者剩余是一种主观感受，同一商品，同一价格，不同消费者群的消费者剩余是不同的，因此，根据不同消费者群的消费观念、职业收入和兴趣爱好等合理地确定商品价格，是连锁经营管理的重要工作之一。

3. 适当利润原则

企业是以赚取利润为目的的，商品定价太低，企业没有利润，就无法生存，更谈不上发展；商品定价高，企业利润空间大，但不能被消费者接受，利润无法实现。贯彻适当利润原则就是要把供应商、消费者和连锁企业自身利益统一起来，合理确定商品价格，使其既能使消费者接受，又能使连锁企业和供应商有一定利润空间。

二、制定商品价格应考虑的因素

连锁企业确定商品价格时，要充分考虑一系列内部和外部因素对企业价格决策的影响和制约。内部因素主要指企业的经营目标、成本状况、商品属性和经营策略。外部因素主要指市场状况、消费者状况和社会因素等。

（一）内部因素

1. 经营成本

连锁企业的商品销售价格应能弥补该商品的经营成本，这是获利的前提。商品经营成本是连锁企业制定价格的最低界限和基本要素，经营成本低，价格变动和利润空间都较大，有利于企业进行商品定价；经营成本高，价格变动余地小，企业在市场竞争中就会处于不利地位。

2. 预期定价目标和经营策略

企业定价目标不同，价格确定的水平和确定的方法也不同。例如，在以追求短期利润最大化的目标下，可以确定较高的价格。如要提高市场占有率，则可以制定较低的价格。此外，商品定价要与企业经营策略相配合，不同的经营策略应采用不同的价格水平。

3. 商品质量

质量与价格的关系大体上有 3 种类型：按质论价、物美价廉和质次价高。在产品供大于求、人们生活水平普遍提高的情况下，消费者更注重商品质量而非价格。因此连锁企业在制定价格时，一定要以质量为前提。

4. 商品市场寿命周期

商品市场寿命周期是指商品从投入市场到退出市场的全过程，可分为投入、成长、成熟和衰退 4 个周期。例如，商品在投入期，为了引起消费者的注意和兴趣，可以较低的价格出售；成长期商品可以维持一个稳定且有适当利润的售价。

5. 需求的价格弹性

需求的价格弹性是指价格变动比率与所引起需求量变动比率的比例，反映了需求量对价格变动的敏感度。不同类型商品的需求量对价格变动的反应不同，也就是价格弹性大小不同。企业在制定价格时，必须考虑需求的价格弹性，对于价格弹性大的商品（弹性系数大于 1）应该采取降低价格，薄利多销的价格策略，因为此类商品的降价能扩大销售，增加收入；对于价格弹性小的商品（弹性系数小于 1），可适当提高价格，这类商品的提价可使单位商品的利润增加，从而增加企业总利润。

（二）外部因素

1. 市场供求状况

在市场经济条件下，商品价格和供求关系是互相影响，互相制约的。供不应求，价格上升；反之，供过于求，价格下跌。同理，价格的高低又会影响商品的供求。

2. 市场竞争状况

一般来说，在某一商品竞争激烈的情况下，该商品的定价应低一些；反之，则应高一些。此外，商品定价还应综合考虑竞争对手同类商品的价格水平和本企业的竞争策略。

3. 消费者状况

消费者能否接受本企业的商品定价是消费者能否购买该商品的基本前提，若消费者不认可该商品的定价，他们就会减少甚至拒绝购买该商品，企业就无法开展经营。

4. 政府法规

连锁企业需要了解影响价格的政府法规，并确保自己的定价决策具有可辩护性。

知 识 拓 展

　　价格对交换双方来说，存在着此消彼长的物质利益关系，它牵涉到各行各业和千家万户的利益，与人民生活息息相关，因此，我国虽然实行了市场经济，但仍对企业定价有不少限制，具体表现在政策与法规上。从政策上，国家会制定诸如货币政策、信贷政策、税收政策、工资政策及财政政策来影响价格；从法律上讲，政府会制定相应的法律法规来约束企业价格行为，从而影响商品价格。

▌ 任务实施

一、商品定价的程序

连锁企业在对某商品进行第一次定价时，一般应经过 6 个基本步骤，即确认定价目标、确定需求、测算成本、分析对手的价格行为、选择定价方法和确定最终价格。如图 3-4 所示。

二、商品定价的要点与技巧

（一）确认定价目标

定价目标是连锁企业定价的指导方针，不同的定价目标会产生不同的定价心理。一般来说，连锁企业的定价目标有以下 4 种。

图 3-4　商品定价的程序

1. 求生存目标

求生存目标是指连锁企业在经营不景气的情况下，应制定较低的商品价格，以吸引消费者，扩大销售，维持企业生存。一般来说，此定价是以能否弥补可变成本为基本标准，大于可变成本就有可能被企业认为可接受的价格。

2. 短期利润最大化目标

对于一些新产品或流行性商品，连锁企业可根据商品的技术特性或流行特点，在估计需求与成本的基础上，制定一个能使短期利润最大化的价格，以求在短期内尽可能多地收回投资，赚取利润。

3. 市场份额目标

这是连锁企业为了赢得最大市场份额，进而实现最低的成本和最高的长期利润为目的的定价目标。为此，连锁企业会制定一个尽可能低的价格，最大限度地吸引消费者，排斥竞争者，以提高企业市场占有率。

4. 质量目标

质量目标是指以树立商品质量领先地位或特定的企业形象为目的的定价目标。为达到此

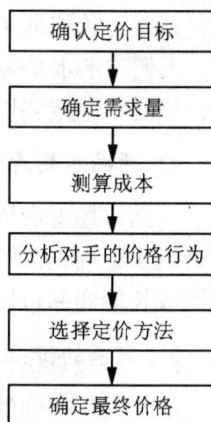

目的，连锁企业一般会制定一个比较高的价格，以显示出该商品的高品位、高质量的形象，但定价应必须注意符合"物有所值"原则。主要适用于高档商品、名牌商品和特色商品等。

（二）确定需求量

一般来说，商品的价格与需求量之间成反比关系，即价格越高，需求量就越小。因此，连锁企业定价时必须考虑需求量的大小，通过科学方法来寻求价格与需求量的最佳组合，最大限度地获取利润。此外，在定价时还应考虑消费者的爱好、个人收入、广告费用、消费者对价格变化的期望及相关商品的价格等因素对需求量的影响。

（三）测算成本

连锁企业经营的直接目的是获取利润，而商品成本的高低直接制约着利润空间的大小，为了合理进行商品定价就必须对商品成本进行测算。就零售业而言，商品成本可从进价成本、经营费用和营业税金等方面来考虑。在测算成本时还应考虑以下因素：以历史成本作为基本依据；在不同的经营规模下平均成本会发生变化；市场资源条件的变化会影响到经营成本；在其他条件不变的情况下，企业经营管理水平越高，平均成本就会下降。

（四）分析竞争对手的价格行为

分析竞争对手的价格行为，主要是了解竞争对手的价格和商品质量。如果本企业所提供的商品质量与竞争对手相似，那么所制定的价格应接近于竞争者，否则将会失去市场份额；如果本企业所提供的商品质量高于竞争对手，则价格可高于竞争对手；如果本企业所提供的商品质量不如竞争对手，则应低于竞争对手的价格。此外，还应分析竞争对手对本企业的商品价格可能作出的反应。

（五）选择定价方法

连锁企业商品定价的方法主要有以下 5 种。

1. 成本加成定价法

这是以生产经营该商品的单位成本为基础，加上预期利润率确定商品销售价格的方法。成本为企业的生产成本或进货成本，售价与成本的差额，即为加成。实际中常用成本利润率来确定预期利润率。基本公式为

$$商品单价＝单位成本×（1＋成本利润率）$$

这种方法计算简便，是最古老、应用最普遍的方法，在市场环境诸因素基本稳定的情况下，可保证连锁企业获得正常利润。但成本加成法的缺点也十分明显的，它只考虑商品本身的成本与预期利润，完全忽视了产品的社会价值、供求和竞争情况，由此方法确定的价格，很可能不为顾客所接受，或缺乏市场竞争力，因而预期的利润也可能无法实现。

知 识 应 用

　　某连锁企业经营某种商品，进货总成本为 36 000 元，销量为 8000 件，成本利润率为 20%，请使用成本加成定价法确定该商品的单位售价。

2. 毛利率定价法

这是以该某种商品的单位进价为基础，扣除一定毛利率确定商品售价的方法。基本公式为

售价＝进价÷（1－倒扣毛利率）

此方法与成本加成定价法基本相似，由于其简单易行，从事零售业务的连锁企业常用此方法进行商品定价。

3. 边际贡献定价法

边际贡献定价法又称变动成本定价法，即仅计变动成本，不计固定成本的定价方法。边际贡献即价格超过变动成本的部分，它可用来补偿固定成本或提供利润，商品价格是由变动成本加上边际贡献组成的，这种方法较适用于商品供过于求的情况。

知 识 应 用

某连锁企业有一批电脑桌，单位固定成本50元，变动成本为50元，原定售价为150元/张。但由于该商品市场竞争激烈，严重供过于求，销售情况很差。现有一个单位愿意以80元/张的价格购买100张，你认为此笔订货是否可以接收？

4. 目标利润定价法

这是指根据一定目标利润确定商品价格的方法。它是运用盈亏平衡分析原理来确定价格水平。基本公式为

$$Q = F/P - C_V$$

式中：F——固定成本；

C_V——单位变动成本；

P——单价；

Q——盈亏平衡点销量。

若企业要取得一定的目标利润，则公式为

$$Q = (F+W)/(P-C_V)$$

式中：W——企业的目标利润。

则定价公式为

$$P = (F+W+Q \times C_V)/Q$$

5. 理解价值定价法

这是指连锁企业按照消费者对商品价值的感觉制定商品价格的方法，即企业通过市场营销组合中的非价格变数（如产品质量、服务和广告宣传等）的运作，使商品在消费者心目中形成理解价值，然后据此定价。这种定价方法的关键在于企业要正确估计购买者所承认的价值，如果企业对购买者所承认的价值估计过高。定价就会偏高，影响销售；反之，定价过低，就会给企业造成损失。

（六）确定最终价格

由于商品价格的确定涉及多种因素，而连锁企业通过一定方法所制定的价格往往只考虑

到少数因素，有一定的片面性，所以，连锁企业还应在此基础上结合消费者的心理、供应商的态度、商品的特性和政府的政策等因素来综合确定商品的最终价格。

■ 实践体验

【任务】调查某超市几种产品的价格变化。

【目的】通过对产品价格的调查训练，让学生运用所学理论知识分析商品价格变化，使其更形象地理解各个因素对商品定价的影响过程。

【要求】实地考察某一家超市，4～6人一组，每组确定一名组长，对超市的几种产品进行多次的价格调查，根据调查结果，小组讨论和分析价格变化原因，填写产品价格调查表，如表3-7所示。

表 3-7　产品价格调查表

超市名称：　　　　　　　　　　　　　　　　电话：
调查时间：　　　　　　　　　　　　　　　　产品品牌：

产品名称	第一次价格调查	价格影响因素分析	第二次价格调查	价格影响因素分析	第三次价格调查	价格影响因素分析

任务 3　采购成本控制

■ 任务描述

近年来，无论是连锁零售巨头企业沃尔玛、家乐福、麦德龙还是国内连锁企业国美、苏宁、华联，都不约而同地开始采用各种方式降低采购成本。可见，采购成本的控制是整个国内连锁企业发展的需要和工作重点。那你知道这些连锁企业具体是如何控制采购成本的吗？

■ 任务分析

控制采购成本对一个企业的经营业绩至关重要。采购成本下降不仅体现在企业现金流出的减少，而且直接体现在产品成本的下降、利润的增加，以及企业竞争力的增强。因此，控制好采购成本并使之不断下降，是一个企业不断降低产品成本、增加利润的重要和直接手段之一。一个企业要顺利解决采购成本问题，应从以下3个方面着手：

1）采购成本分析。

2）采购成本控制的主要方法。

3）采购成本控制的步骤。

■ 相关知识

一、采购成本分析

在企业竞争日益激烈的今天，企业必须控制经营成本。例如，过量的采购会使商品积压而占用大量的资金。因此采购成本的控制不仅是采购管理，也是企业经营管理的重点所在，商品的采购成本不仅是指商品本身的价值，还包括因采购而带来的采购管理成本。

1. 价格成本

价格成本是指商品的进价成本，又称购置成本。

价格成本＝单价×采购数量＋物流费（运输费、流通加工等）＋相关税费＋运费

在一定时期进货总量既定的条件下，无论企业采购次数如何变动，商品的价格成本是保持相对稳定的，因而属于决策无关成本。

2. 采购管理成本

采购管理成本是指企业向外部的供应商发出采购订单的成本费，是企业为了实现一次采购而进行的各种活动费用，如办公费、差旅费、信息传递费、检验费及入库搬运费等支出。

采购管理成本中一部分与订货次数无关，如专设采购机构的基本开支等，这类固定性进货费用属于决策的无关成本。另一部分与订货次数有关，如差旅费等与进货次数成正比例变动。

二、采购成本控制的方法

（一）建立完善采购制度，做好采购成本控制的基础工作

1. 建立严格的采购制度

建立严格、完善的采购制度，不仅能规范企业的采购活动、提高效率、杜绝部门之间相互推诿，还能预防采购人员的不良行为。采购制度应规定商品采购的申请、授权人的批准许可权、商品采购的流程、相关部门（特别是财务部门）的责任和关系、各种商品采购的规定和方式、报价和价格审批等。

2. 建立供应商档案和准入制度

对企业的正式供应商要建立档案，供应商档案除有编号、详细联系方式和地址外，还应有付款条款、交货条款、交货期限、品质评级等，每一个供应商档案应经严格的审核才能归档。企业的采购必须在已归档的供应商中进行，供应商档案应定期或不定期地更新，并由专人管理。同时要建立供应商准入制度。重点商品的供应商必须经质检、财务等部门联合考核后才能进入，如有可能要实地到供应商生产地考核。企业要制定严格的考核程式和指标，只有达到或超过评分标准者才能成为归档供应商。

3. 建立价格档案和价格评价体系

企业采购部门要对所有采购商品建立价格档案，对每一批采购物品的报价，应首先与归档的商品价格进行比较，分析价格差异的原因。如无特殊原因，原则上采购的价格不能超过档案中的价格水平，否则要做出详细的说明。对于重点商品的价格，要建立价格评价体系，由公司有关部门组成价格评价组，定期收集有关的供应价格资讯，分析、评价现有的价格水平，并对归档的价格档案进行评价和更新。

4. 建立材料的标准采购价格，对采购人员根据工作业绩进行奖惩

财务部对重点监控的商品应根据市场的变化和产品标准成本定期定出标准采购价格，促

使采购人员积极寻找货源，货比三家，不断地降低采购价格。标准采购价格亦可与价格评价体系结合起来进行，并提出奖惩措施，对完成降低公司采购成本任务的采购人员进行奖励，对没有完成采购成本下降任务的采购人员，分析原因，确定对其惩罚的措施。

（二）降低商品成本的方法和手段

1. 通过付款条款的选择降低采购成本

如果企业资金充裕，或者银行利率较低，可采用现金交易或货到付款的方式，这样往往能带来较大的价格折扣。

2. 把握价格变动的时机

价格会经常随着季节及市场供求情况而变动，因此，采购人员应注意价格变动的规律，把握好采购时机。

3. 选择信誉佳的供应商并与其签订长期合同

与诚实、讲信誉的供应商合作不仅能保证供货的质量与及时的交货期，还可得到其付款及价格的关照，特别是与其签订长期的合同，往往能得到更多的优惠。

4. 充分进行采购市场的调查和资讯收集

一个企业的采购管理要达到一定水平，应充分注意对采购市场的调查和资讯的收集和整理，只有这样，才能充分了解市场的状况和价格的走势，使自己处于有利地位。

（三）降低采购成本的具体方法

1. 确定适当的采购时机与合理的采购批量

采购时机与采购批量是影响物流总成本的重要因素。采购过早，会使库存量增加，加大库存费用；采购过晚，库存不足，又会带来缺货损失。采购批量太大，有可能造成积压；反之，又增加采购次数，增大采购固定费用。

2. 加强集中采购，发挥规模优势

连锁企业的兴起就在于它能充分发挥集中采购、统一进货的优势。总部应当集各连锁分店的零星要货为较大批量的要货，争取供应商在价格上给予尽可能多的优惠，从而降低进货价格，降低销售价格，提高商品的竞争力。

3. 尽量降低采购风险

采购风险是在采购过程中由于存在不确定因素而造成的可能损失。当商品供不应求而生产周期又长时，由于不确定因素增多，应增大保险储备量；当购买新产品时，如果事先不了解市场反应，应减少购买量。

4. 根据市场状态，确定采购对象，建立稳定的供应伙伴关系

社会化的大生产、大流通决定了企业不能把供求关系建立在"吃零食"的基础上。连锁商业作为一种社会化程度较高的组织形式，建立相对稳定的供货关系，既有可能也有必要。目前，假冒伪劣商品充斥市场，连锁企业若有稳定的供货渠道，与诚实可信、资信良好的供

应商合作，就可减少假冒伪劣商品混入的可能性，有利于降低订货费用和缺货损失，提高自己在社会上的信誉。

一、采购成本控制的步骤

采购成本控制对于一个企业的经营业绩至关重要，采购成本控制的步骤具体如图 3-5 所示。

分析影响采购成本的因素 → 制定控制采购成本策略 → 选择并实施策略 → 改进并继续实施策略

图 3-5　采购成本控制的步骤

二、采购成本控制的要点与技巧

（一）影响采购成本的因素

1. 所购产品或服务的形态

所采购产品或服务的形态，是属于一次性的采购，或者是持续性的采购，这是采购最基本的认知。如果采购的形态有所转变，策略也必须跟着做调整，持续性采购对成本分析的要求远高于一次性采购，但一次性采购的金额如果相当庞大，也不可忽视其成本节省的效能。

2. 产品所处的生命周期阶段

采购量又与产品所在其生命周期所处的阶段有直接的关系，产品在由导入期、成长期到成熟期的过程中，采购量会逐渐放大，直到衰退出现，采购量才会逐渐缩小，同时，导入期、成长期供应商的生产成本也较高，这必然影响到供应商价格。

3. 年需求量与年采购总金额

年需求量与采购总金额各为多少，这关系到在与供应商议价时，是否能得到较好的议价优势。年需求量与年采购总金额数量较大，供应商可能在价格方面做出较大的让步；反之，供应商将很难做出让步。

4. 与供应商之间的关系

从卖方、传统的供应商、认可的供应商，到与供应商维持伙伴关系，进而结为战略联盟，对成本资料的分享方式也不同。如果与供应商的关系普通，一般而言，不易得到详细的成本机构资料，只有与供应商维持较密切的关系，彼此互信合作时，才能做到。

（二）制定控制采购成本的策略

1. 基于产品生命周期的策略选择

产品所处的生命周期阶段在哪一阶段，降低采购成本的策略就可以依产品生命周中该阶段的特征来确定。产品生命周期如图 3-6 所示。

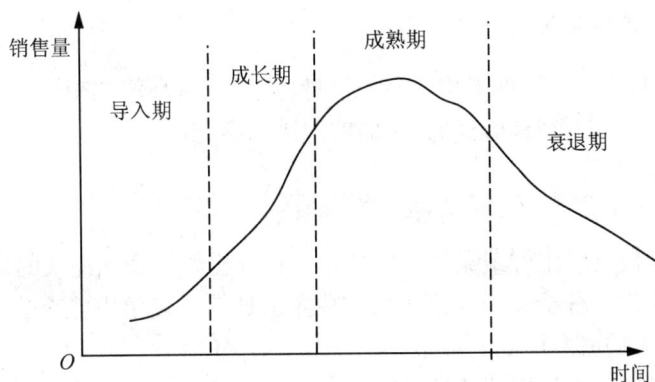

图 3-6　产品生命周期

1) 导入期，即新技术的制样或商品开发阶段。供应商早期参与、价值分析、目标成本法，以及为便利采购而设计采购方案都是可以利用的手法。

2) 成长期。这一时期新技术正式商品化并大量上市，且商品被市场广泛接受。采购可以利用需要量大幅成长的优势，进行杠杆采购获得成效。

3) 成熟期。这是生产或技术达到稳定的阶段，商品已稳定地供应到市场上。价值工程、标准化的运作可以更进一步地找出不必要的成本，并达到节省成本的目的。

4) 衰退期。此时商品或技术即将过时或将衰退，并有替代商品出现，因为需要量已在缩减之中，此时再大张旗鼓降低采购价格已无多大意义。

2. 基于采购特性及与供应商关系的策略选择

不同的采购特性选择不同的策略，如表 3-8 所示。

表 3-8　采购特性及与供应商关系的策略选择

采 购 特 性	策 略 选 择
影响性较小的采购	采用快速、低成本的价格分析方法
杠杆采购	采用价格分析并以成本分析为辅助工具
重要计划的采购	采用成本分析为主要方法
策略性采购	采用成本分析为主要方法

（三）选择并实施策略

采购人员利用已掌握的信息，包括产品或服务的形态产品所处的生命周期阶段、年需求量与年采购的总金额、与各个供应商之间的关系、产品供应市场中的供需关系，然后从战略的高度进行分析、选择并优化控制采购成本的策略。

在选择好适当的采购成本策略之后，还需要实时地控制采购活动的进行，根据市场信息的变化适当调整采购策略，如遇到政府相关政策的出台等外部环境的变化，或遇到企业内部需求变化等内部环境的变化，都需要采购人员具有敏锐的市场信息观察能力和信息处理决策能力，所以在实施控制采购成本的过程中需要动态地实施和控制采购活动的进行。

（四）改进并继续实施策略

采购人员动态的监控和管理采购交易的信息，及时发现环境的变化从而调整总体采购策略。实现对采购成本控制策略动态的、全面的改进和实施。

▌实践体验

【任务】调查学校食堂生鲜蔬菜的采购成本，试分析如何降低蔬菜的采购成本。

【目的】通过调查、分析和讨论蔬菜采购成本的训练，使学生能充分运用采购成本分析的方法及正确选择采购成本控制的策略。

【要求】考察学校食堂生鲜蔬菜的采购成本，4～6人一组，每组确定一名组长，对食堂日常蔬菜的采购情况进行实地调查，根据调查结果，填写采购成本分析表，如3-9表所示。

表3-9 采购成本分析表

成本构成	金 额	百分比/%	分析描述	降低成本的策略	备 注
材料成本					
存储成本					
采购管理成本					
质量成本					
其他					
总计					

项 目 小 结

采购价格的确定是采购成本控制的基础，只有充分考虑供应商成本的高低、采购物品规格与质量、采购物品的供需关系、采购物品的生产季节与采购时机、采购数量多少、交货条件和付款条件等影响采购价格的因素，才能了解所买的商品是否为公平合理的价格。

要想更精确、更动态地了解采购价格，还需对采购价格进行明确调查范围、明确调查信息搜集方式。有了正确的采购价格影响因素的分析，又有采购调查的成果作为数据支撑，按照采购价格确定的流程，就能更加精确地确定采购商品的价格。

连锁企业的商品定价是企业营销战略的重要组成部分，而且价格直接关系着连锁企业的经济效益，商品定价也与采购成本控制有着直接的联系，商品的定价既要考虑采购成本，又要考虑企业利润，更需要照顾到消费者的需求，所以只有明确商品定价的原则、明确制定商品价格应考虑的因素、充分分析影响商品价格的因素，并结合连锁企业实际情况按照正确的定价程序才能确定最合理的商品价格。

采购成本下降不仅体现在企业现金流出的减少，而且直接体现在产品成本的下降、利润的增加，以及企业竞争力的增强方面。控制采购成本对一个企业的经营业绩至关重要。通过全面的采购成本分析，选择正确的采购成本控制方法和策略，连锁企业就能够有效地控制采购的成本，使企业通过对采购环节的管理做到效益最大化。

思 考 练 习

一、单项选择题

1. 影响商品采购价格最主要的因素是（　　）。

　　A. 供应商的成本　　　B. 规格与质量　　C. 付款条件　　　D. 交货条件

2. （　　）是对于一些新产品或流行性商品，连锁企业可根据商品的技术特性或流行特点，在估计需求与成本的基础上，制定一个能使短期利润最大化的价格，以求在短期内尽可能多地收回投资，赚取利润。

　　A. 求生存目标　　　B. 利润最大化目标　C. 市场份额目标　　D. 质量目标

3. （　　）是生产或技术达到稳定的阶段，商品已稳定地供应到市场上。价值工程、标准化的运作可以更进一步地找出不必要的成本，并达到节省成本的目的。

　　A. 导入期　　　　　B. 成长期　　　　C. 成熟期　　　　D. 衰退期

4. 下列（　　）不属于采购调查时需要重点注意的选项。

　　A. 确定调查范围　　B. 采购询价方式　C. 信息收集方式　D. 信息收集渠道

二、多项选择题

1. 一个完整的询价函至少应该考虑（　　）要求。

　　A. 询价项目的售后服务与保证期限　　　　B. 运送地点与交货方式

　　C. 询价项目的交货期　　　　　　　　　　D. 询价项目的品名与料号

2. 制定商品价格应考虑的内部因素有（　　）。

　　A. 经营成本　　　　　　　　　　　　　　B. 市场供求状况

　　C. 商品质量　　　　　　　　　　　　　　D. 商品市场寿命周期

3. 连锁企业商品定价的方法主要有（　　）。

　　A. 成本加成定价法　　　　　　　　　　　B. 净利定价法

　　C. 边际贡献定价法　　　　　　　　　　　D. 目标利润定价法

4. 产品生命周期阶段有（　　）。

　　A. 导入期　　　　　B. 成长期　　　　C. 成熟期　　　　D. 衰退期

5. （　　）成本的控制策略是采用成本分析为主要方法的。

　　A. 影响性较小的采购　　　　　　　　　　B. 杠杆采购

　　C. 重要计划的采购　　　　　　　　　　　D. 策略性采购

三、判断题

1. 交货条件对采购价格的影响非常小，交货条件主要包括运输方式及交货期的缓急等。　　　　　　　（　　　）

2. 采购企业对采购品的规格要求越复杂，采购价格就越高。价格的高低与采购品的质量也有很大的关系。　　　　　　　　（　　　）

3. 商品市场寿命周期是指商品从投入市场到退出市场的全过程，可分为投入、成长、成熟和衰退 4 个周期。　　　　　　　　（　　　）

4. 连锁企业商品定价只需考虑外部影响因素。　　　　　　　（　　　）

5. 采购者不用了解所买物品的成本结构，只需要知道市场报价，就能了解所买的物品是否为公平合理的价格。　　　　　　　　（　　　）

四、简答题

1. 影响采购价格的因素有哪些？
2. 商品定价程序有哪些？
3. 控制采购成本的主要方法有哪些？
4. 影响采购成本的因素有哪些？

五、案例分析题

进口番石榴浓缩汁的成本分析

Acreage Foods 是美国一个主要的跨国食品加工企业，该企业每年都需要向菲律宾的番石榴加工商进口番石榴浓缩汁。番石榴浓缩汁产于菲律宾一个偏远的地区，目前 FOB 价为 0.29 美元/磅，用银箔进行内包装，每包有产品 50 磅，配以皱纹纸箱外包装。每个托板堆 40 个纸箱，每个集装箱可装 20 个托板，通过海运运出。海运费为每集装箱 2300 美元，集装箱到了美国港口，再以每集装箱 250 美元的运费运至本地仓库存储。美国海关收取货物本身价格（不含运费）15%的关税。该公司每月需要 1 集装箱番石榴浓缩汁。

集装箱在本地存储到需要提货加工时为止，月库存费用为每托板 5.5 美元，此外仓库收取每托板 6 美元的进出费作为管理成本，Acreage Foods 公司的资本成本为 18%。当需要提货时，由本地运输公司将番石榴浓缩汁从仓库运至 Acreage Foods 公司的加工地，运费为每集装箱 150 美元，每托板质量控制成本为 2 美元。

购买和存储的过程中，番石榴浓缩汁会以 3%的比例损耗，供应商不对损耗进行补偿。有时候，一些事前未发现的腐坏变质的番石榴浓缩汁要撤掉并回收，每次产品回收会发生的现付成本是 20 000 美元，供应商不承担该笔费用。公司记录表明，这种事件平均每 8 个月发生一次。此外，公司会计政策要求划出全部采购总额的 15%作为管理成本。

思考下列问题：

1. 计算每磅番石榴浓缩汁从菲律宾到美国（码头）的成本。
2. 计算每磅番石榴浓缩汁从码头到仓库的成本。
3. 计算每磅番石榴浓缩汁从仓库进入生产的成本。
4. 计算该公司购买每磅番石榴浓缩汁的总成本。
5. 如果该公司的目标是降低采购该原料的总成本，讨论公司在该原料采购成本控制上的可选策略。

项 目 实 训

【任务】制定超市某产品的采购价格与成本控制方案。

【目的】通过让学生制定超市某产品的采购价格与成本控制的方案，使学生掌握商品采购价格的制定步骤，学会如何制定商品价格，并尝试制定采购成本控制的具体方案，培养学生分析问题与解决问题能力。

【资料】你所在的地区有一家大型连锁超市，通过老师的介绍，你认识了该公司的一名采购员，你选定了一件商品（如某酸奶）作为你的研究对象，你通过采购员了解到影响该采购产品采购价格的因素，并做了详细记载，通过分析商品包装上的配料表、上网搜索产品成本构成的相关信息，同时跟着采购员一起对该产品进行了采购价格的调查，最终利用搜集到的信息确定了你的采购价格。

在完成采购价格确定任务的同时，你实时记录着该产品的售价，并实时分析和记录影响售价变化的因素，在采购员的协助下收集到了该产品的销售数据，利用你所需要的商品定价知识，尝试预测下一次价格变动后商品的售价。

　　在采购员的帮助下，讨论并分析采购该商品的成本，将你前期收集到的数据和信息，整理成报告，并总结出控制采购该商品成本的具体措施，说明措施的理论依据，分析措施的利弊和得失。尝试将控制该产品的采购价格与成本的方案交给采购经理，在采购经理的协助下改进方案，方案如被采纳，跟踪调查方案实施效果，并做好详细记载。

　　【要求】4～6 人一组，每组确定一名组长，根据相关资料和实践情况，制定产品的采购价格与成本控制方案。

项目 4 连锁企业供应商管理

【项目导航】

供应商是现代连锁经营体系的重要组成部分，其主要职能是为连锁经营管理活动提供货源，奠定物质基础，采购工作的好坏主要取决于供应商所提供产品的质量、价格和性能等，因此需加强供应商管理。供应商管理是连锁企业根据经营管理的需要，对供应商进行调研、选择、开发、使用、考核和激励等工作的总称。其根本目的是建立起一支稳定可靠的供应队伍，为企业的生产经营活动提供可靠的物资供应。

本项目主要学习和训练如何进行供应商调查、供应商选择和供应商考核的基本知识和技能，如图 4-1 所示。

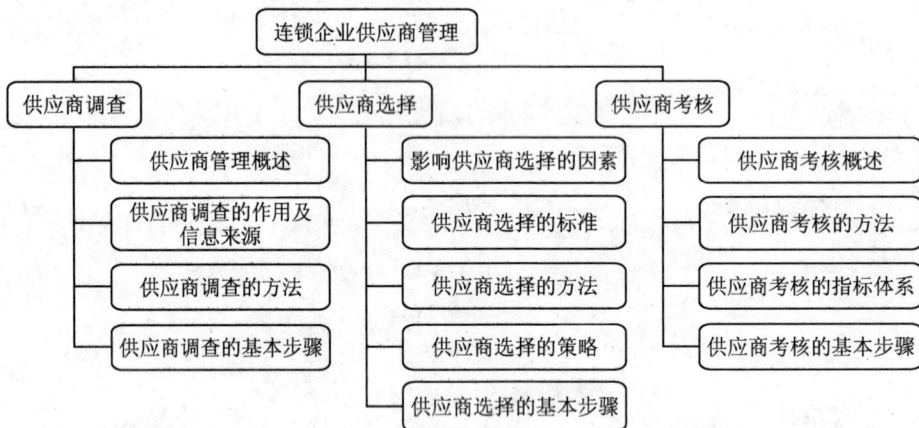

```
              连锁企业供应商管理
        ┌──────────┼──────────┐
    供应商调查      供应商选择      供应商考核

  供应商管理概述    影响供应商选择的因素   供应商考核概述

  供应商调查的作用及  供应商选择的标准    供应商考核的方法
     信息来源

  供应商调查的方法   供应商选择的方法    供应商考核的指标体系

  供应商调查的基本步骤 供应商选择的策略    供应商考核的基本步骤

             供应商选择的基本步骤
```

图 4-1 连锁企业供应商管理

学习目标

知识目标	能力目标	情感目标
1. 陈述供应商管理的基本内容	1. 制订供应商调查、选择、考核的步骤	1. 客观公正
2. 运用供应商调查、选择、考核的方法	2. 设计供应商调查表、考核表	2. 团队意识
3. 明确供应商调查、选择、考核的步骤	3. 合理选择供应商	3. 实事求是
4. 列举供应商考核指标体系	4. 计算供应商各项考核指标	4. 协同沟通

任务 1　供应商调查

■ 任务描述

小李是某中等职业学校毕业的一名学生，到某小型连锁企业任采购员一职，领导安排他负责日用品的采购，可是他认为采购只要是供应商给的质量和价格可以，随便找一家日用品公司将商品买回来就可以了，可是他工作了一段时间后，发现寻找供应商的途径很单一，且由于他对供应商没有进行严格的调查，导致有时候发生缺货及质量问题，请大家帮忙分析小李的问题出在哪里。

■ 任务分析

小李工作遇到了问题，是因为他对供应商管理没有引起足够的重视，而供应商管理的首要工作，就是要了解供应商及资源市场，而要了解供应商的情况，就要进行供应商调查。小李要圆满完成本项工作，应该具备以下知识和技能：

1）明确供应商管理的目标。

2）列举获得供应商的信息来源。

3）运用供应商调查的方法。

4）制定供应商调查的步骤。

5）明确供应商调查的内容。

■ 相关知识

一、供应商管理概述

（一）供应商管理的含义

连锁企业要维持正常经营活动，就必须要有一批可靠的供应商为其提供各种各样的商品，因此供应商对企业的商品供应起着非常重要的作用，采购管理就是直接和供应商打交道而从供应商那里获得各种商品。因此采购管理的首要工作就是要做好供应商管理。

连锁企业供应商管理是连锁企业根据经营管理的需要，对供应商进行调研、选择、开发、使用、考核和激励等工作的总称。其根本目的是建立起一支稳定可靠的供应队伍，为连锁企业的经营活动提供可靠的商品供应。

（二）供应商管理的目标

供应商管理的目标是建立一支稳定可靠的供应商队伍，为连锁企业从事规模化经营提供可靠的供应货源。具体包括：

1）获得符合企业质量和数量要求的产品或服务。

2）以最低的成本获得产品或服务。

3）确保供应商提供最优的服务和及时的送货。

4）发展和维持良好的供应商关系。

5）开发潜在的供应商。

二、供应商调查的作用及信息来源

（一）供应商调查的作用

供应商调查是指对已有的和潜在的供应商的一些基本信息，如市场信誉、合作的意愿、财务状况及地理位置等基本因素，进行调查、分析并加以分类，以识别关键供应商。供应商调查对连锁企业有很重要的作用，如图4-2所示。

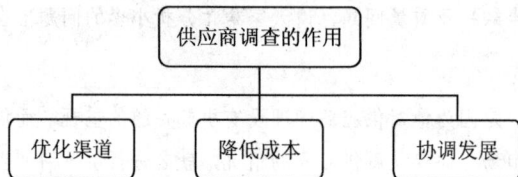

```
            供应商调查的作用
      ┌──────────┼──────────┐
   优化渠道      降低成本      协调发展
```

图4-2　供应商调查的作用

1. 优化渠道

由于市场竞争愈演愈烈，供应渠道不断增多，但是由于各供应商的经营能力、信誉品牌和产品质量等方面的差异直接影响连锁经营的运行，这就使得连锁企业不得不通过市场调查来了解各供应商的经营状况，选择和开发优秀的供应商以不断地优化供应商渠道，确立定点供应商，保证商品的质量和及时供应，最大限度地满足生产和消费的需要。

知识拓展

家乐福的生鲜产品都在当地采购，60%的日杂货物也由当地供应商或者全国供应商在当地的分支机构提供。在产品采购上不仅是关注中国制造，更是细化到了城市制造，城市区域性产品会受到家乐福格外的关注和支持。

2. 降低成本

在市场经济条件下，商品价格是由市场调节的，各供应商的同类商品价格和供货条件会存在较大的差异，如何以较低的价格和优惠的供货条件取得适销对路的商品、降低经营成本是连锁企业采购管理的基本目标之一，而要达到这一目标就必须加强对供应商的调查研究，明确他们的供货条件，这样可使连锁企业在商品采购中掌握主动权，降低经营成本。

知识拓展

沃尔玛通过促使供应商实现最低成本来提高其收益率，与供应商共建联系系统，辅助他们降低产品成本。例如，对供应商的劳动力成本、生产场所、存货控制及管理工作进行质询和记录，促进供应商进行流程再造和提高价格性能比，使它们同沃尔玛站在同样的角度致力于降低产品成本及其供应链成本的运作。沃尔玛依此实现了完整的低价位定位和全球化适销品类的大批量采购，其90%的商品从厂商处直接购买，并形成35%以上的自有品牌商品，使分销成本降至总销售额的3%以下，形成绝对优势。

3. 协调发展

供应商是连锁企业的紧密伙伴，是连锁经营体系运行中的主体之一，连锁企业与供应商的关系应是互利互惠、协调发展的共赢关系。为此，连锁企业必须通过调查研究掌握供应商的经营宗旨、企业精神、经营实力及品牌信誉等情况，以确定合作关系，实现供需双方的协调发展。

知识拓展

　　肯德基从在中国建立第一家餐厅到至今分布在 59 个城市的 400 多家餐厅，其所采用的鸡肉原料 100% 都来自国内，10 年来共消耗了 60 821 吨鸡肉。肯德基的飞速发展同时也带动了各类相关原料供应行业的起步与发展。目前，大约 85% 的食品的包装原料都由中国国内的供应商提供。本着利益一致、共同进步的原则，肯德基从对供应商传授全新的经营管理理念到先进技术引进，从主动培训测试到积极扶持供应商，与供应商结成了关系密切的战略合作伙伴。

（二）供应商的主要信息来源

企业在调查供应商时，应该首先确定所需供应商的范围，然后通过各种专业媒体加以考察。目前连锁企业供应商的主要信息来源如下：

1）采购指南。
2）新闻传播媒体。
3）产品发布会。
4）产品展销会。
5）行业协会。
6）行业期刊。
7）同行或供应商介绍。
8）公开征询。
9）供应商主动联络。
10）互联网。

三、供应商调查的方法

由于供应商的调查具有广泛性和复杂性，需要多种调查方法来适应，连锁企业可根据市场状况和企业需要选用。常用的调查方法有以下 3 种，如表 4-1 所示。

表 4-1　供应商调查方法

调查方法	含　义	优　点	缺　点
问卷调查法	调查将所要调查的问题编制成问题或表格，以邮寄方式、当面作答或追踪访问方式进行填答，从而了解供应商情况的一种调查方法	操作方便，节省时间，能对众多调查对象同时进行，便于对调查结果进行定量研究等	调查内容的局限性较大，对调查对象的要求较高，回复率和有效率较低等
实地观察法	调查者凭借自己的感觉感官或借助科学的观察仪器，直接了解供应商情况的一种方法	有较强的直观性和可靠性，简便易行，适应性强，灵活性大等	具有一定的表面性和偶然性，受时间、空间限制，调查费用高等
文案调查法	调查者从各种相关文献、档案材料收集供应商情况的一种方法	信息量大、内容广泛、获取方便、速度快和费用低等	真实性和可靠性较差、工作量大、资料不完整等

知 识 拓 展

　　方案调查法主要是通过图书资料、报纸杂志、广播电视、网络、政府文件、统计数据、专刊文献、学术论文及档案材料等途径收集供应商的情况。

▋ 任务实施

一、供应商调查的基本步骤

　　供应商调查的基本步骤如图 4-3 所示。

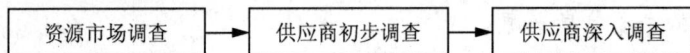

资源市场调查 → 供应商初步调查 → 供应商深入调查

图 4-3　供应商调查的基本操作步骤

二、供应商调查要点与技巧

　　（一）资源市场调查

　　1. 调查目的

　　资源市场调查对于企业指定采购策略及产品策略、生产策略都有很重要的指导意义。

　　2. 调查内容

　　1）资源市场的规模、容量、性质。例如，资源市场究竟有多大范围，有多少资源，多少需求量，是卖方市场还是买方市场，是完全竞争市场还是垄断市场。

　　2）资源市场的环境。例如，市场的管理制度、法制建设、市场的规范化程度、市场的经济环境及政治环境等外部条件如何，市场的发展前景如何。

　　3）资源市场中各个供应商的情况。对众多的供应商的调查资料进行分析，就可以得出资源市场自身的基本情况。例如，资源市场的生产能力、技术水平、管理水平、质量水平、价格水平、需求情况及竞争性质等。

　　（二）供应商初步调查

　　供应商初步调查是对供应商基本情况的调查。主要是了解供应商的名称、地址、生产能力，能提供什么产品，能提供多少，价格如何，质量如何，市场份额有多大，以及运输进货条件如何。

　　1. 调查目的

　　供应商初步调查的目的是了解供应商的一般情况。而了解供应商的一般情况一是为选择最佳供应商做准备；二是为了了解、掌握整个资源市场的情况，因为许多供应商基本情况的汇总就是整个资源市场的基本情况。

　　2. 调查特点

　　供应商初步调查的特点，一是调查内容浅，只要了解一些简单的、基本的情况；二是调查面广，最好能够对资源市场中所有供应商都有所调查、有所了解，从而能够掌握资源市场的基本情况。

3．调查方法

供应商初步调查的基本方法，一般可以采用访问调查法，通过访问有关人员而获得信息。例如，可以访问供应企业的市场部有关人员、有关用户、有关市场主管人员及其他的知情人士，通过访问建立起供应商卡片。卡片格式如表 4-2 所示。

表 4-2　供应商调查表

公司基本情况	名称					
	地址					
	企业性质					
	联系人			部门职务		
	电话			传真		
	E-mail			信用度		
产品情况	产品名	规格	质量	价格	生产规模	可供量
运输方式	代办托运	自提	送货上门	售后服务		
备注						

4．调查内容

调查内容包括商品品种、规格、质量及价格，企业的实力、规模、生产能力和技术水平，企业的信用度及管理水平，商品是竞争性商品还是垄断性商品，供应商相对于本企业的地理位置和交通状况等。

（三）供应商深入调查

供应商深入调查是指对经过初步调查后，准备发展为自己的供应商的企业进行的更加深入仔细的考察活动。

1．调查内容

深入供应商企业的生产线、各个生产工艺、质量检验环节甚至管理部门，对现有的设备工艺、生产技术及管理技术等进行考察，看看所采购的产品能不能满足本企业所应具备的生产工艺条件、质量保证体系和管理规范要求。只有通过这样深入的供应商调查，才能发现可靠的供应商，建立起比较稳定的采购供需关系。

2．适用范围

进行深入的供应商调查需要花费较多的时间和精力，调查的成本非常高，故在以下两种情况才需要：①准备发展成紧密关系的供应商；②寻找关键零部件产品的供应商。

温馨提示

如果我们所采购的是一种关键零部件，特别是精密度高、加工难度大、质量要求高、在我们的产品中起核心功能作用的零部件产品，在选择供应商时，就需要特别小心，要进行反复的深入考察审核，只有经过深入调查证明确实能够达到要求时，才确定发展为我们的供应商。

■ 实践体验

【任务】某家电连锁企业的供应商调查训练。

【目的】调查搜集供应商信息，填写供应商调查表。

【要求】4～6人一组，每组确定一名组长，对家电供应商的基本情况、产品、价格进行实地调查，根据调查结果，填写供应商调查表，如表4-2所示。

任务2 供应商选择

任务描述

天津某大型超市共有近30家连锁店，所需商品近万种。该公司建有两个大型配送中心并与多家企业建立了供应关系。试分析该企业在供应商管理过程中如何对供应商进行合理的选择。

任务分析

供应商选择是供应商管理的目的，是供应商管理中最重要的工作，直接影响着企业采购的质量，从而间接影响企业的效益和声誉，因此供货商的选择对企业而言具有重要的战略意义。该企业要顺利完成本工作，应从以下5个方面着手：

1）分析影响供应商选择的因素。

2）确定供应商选择的标准。

3）运用恰当的供应商选择方法。

4）运用合适供应商选择策略。

5）制订合理的供应商选择步骤。

■ 相关知识

一、影响供应商选择的因素

连锁企业的商品货源主要来自两方面：一是经常联系的供应商，二是新的供应商，为了确定合适的供应商，减少进货风险，保证连锁经营活动稳定运行，连锁企业在选择供应商时应着重考虑几个因素，如图4-4所示。

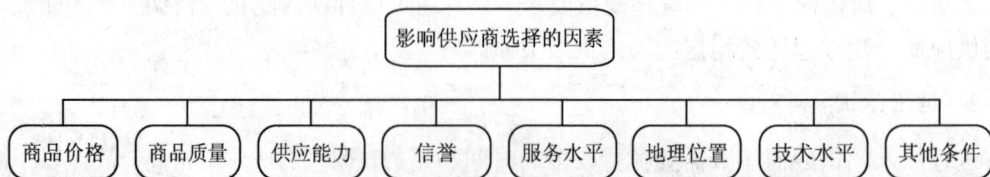

图 4-4 影响供应商选择的因素

1. 商品价格

供应商商品的价格对连锁企业的利润会产生一定程度的影响，供应商应该能够提供有竞争力的价格，这并不意味着必须是最低的价格，这个价格是考虑了供应商按照所需的时间、数量、质量和服务后确定的。

2. 商品质量

商品质量主要分析供应商的商品质量是否稳定可靠，是否与消费者的需求特点相符，性价比是否合适，商品包装是否美观大方及牢固等。

3. 供应能力

供应商的供应能力主要表现为供应商应具备相当的生产规模与发展潜力，这意味着供应商的设施设备必须能够在数量上达到一定的规模，且具有可靠的货源，并对市场变化有较科学的快速反应能力，能够保证供应所需数量的产品。

4. 信誉

守合同、讲信誉的供应商是企业选择时考虑的重要因素。在选择供应商时，应该选择一家有较高声誉、经营稳定、财务状况良好、重合同守信用和具有较强的合作意向的供应商。双方应该相互信任，讲究信誉，并能把这种关系保持下去。

5. 服务水平

服务水平主要包括周到的购货服务，如代装运、代发运、代办各种手续、按客户要求改包装等；完善的售后服务，如提供培训指导、退换货和安装调试等；有力的促销服务，如优惠提供促销商品、派出促销人员、承担广告宣传和提供促销奖品等。

6. 地理位置

购买方期望供应商离自己近一些，或至少要求供应商在当地建立库存，地理位置近，送货时间就短，紧急缺货时，可以快速送到。

7. 技术水平

技术水平主要表现为供应商的生产经营技术先进、设计能力和开发能力较强，设备和生产工艺先进、产品的技术含量高等。

8. 其他条件

其他条件主要包括供应商的交货准确性、进货费用高低及运输方式合理与否等。

二、供应商选择的标准

在确定选择供应商的标准时，一定要考虑短期标准和长期标准，把两者结合起来，才能使所选择的标准更全面，进而利用标准对供应商进行评价，最终寻找到理想的供应商。供应商选择的标准如图 4-5 所示。

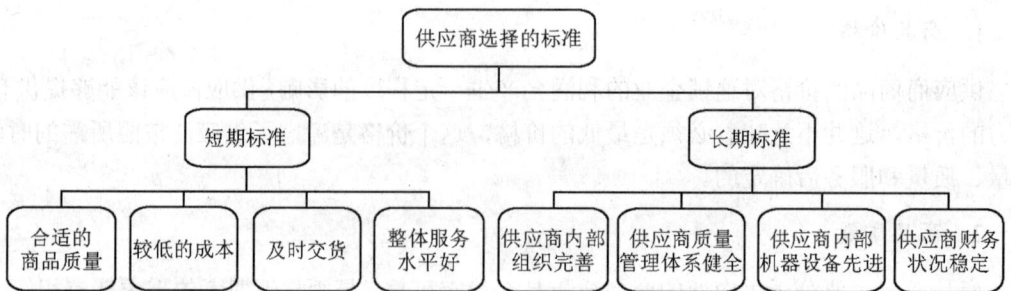

图 4-5　供应商选择的标准

（一）短期标准

1. 合适的商品质量

采购商品的质量是连锁企业进行商品采购时首先要考虑的条件。对于质量差、价格偏低的商品，虽然采购成本低，但会导致连锁企业的总成本增加，因为质量不合格的产品往往会影响销售业绩和企业声誉，这些最终都会反映到利润中去。

2. 较低的成本

成本不仅包括采购价格，而且包括商品在使用过程中所发生的一切支出。采购价格低是连锁企业选择供应商的一个重要条件，但是价格最低的供应商不一定就是最合适的，因为如果在产品质量、交货时间上达不到要求，或者由于地理位置过远而使运输费用增加，都会使总成本增加，因此总成本最低才是选择供应商时考虑的重要因素。

温 馨 提 示

理想的供应商应能向连锁企业提供合适的折扣，因为连锁企业的许多商品都必须进行打折促销。若供应商提供的折扣数无法让商品售价吸引顾客上门，就算连锁企业向供应商订货，这一关系也不可能持久，这样不利于连锁企业的价格形象，故最好不要选择这样的供应商。

3. 及时交货

供应商能否按约定的交货期限和交货条件组织供货，直接影响着连锁企业商品的销售，因此交货时间也是选择供应商时要考虑的因素之一。对交货及时的要求应该是：用户什么时候需要，就什么时候送货，不晚送，也不早送，非常准时。

4. 整体服务水平好

供应商的整体服务水平是指供应商内部各作业环节能够配合购买者的能力与态度，主要包括安装服务、维修服务及技术支持服务等。

（二）长期标准

选择供应商的长期标准主要在于评估供应商是否能保证长期而稳定的供应，其生产能力是否能配合公司的成长而相对扩展，其产品未来的发展方向能否符合公司的需求，以及是否具有长期合作的意愿等。选择供应商的长期标准主要考虑以下 4 个方面。

1. 供应商内部组织完善

供应商内部组织与管理关系到日后供应商供货效率和服务质量。如果供应商组织机构设置混乱，采购的效率与质量就会因此下降，甚至会由于供应商部门之间的互相推诿而导致供应活动不能及时地、高质量地完成。

2. 供应商质量管理体系健全

连锁企业在评价供应商是否符合要求时，其中重要的一个环节是看供应商是否采用相应的质量体系，如是否通过 ISO 9000 质量体系认证，内部的工作人员是否按照该质量体系不折不扣地完成各项工作，其质量水平是否达到国际公认的 ISO 9000 所规定的要求。

3. 供应商内部机器设备先进

从供应商机器设备的新旧程度和保养情况可以看出管理者对生产机器、产品质量的重视程度，以及内部管理的好坏。如果车间机器设备陈旧，机器上面灰尘油污很多，很难想象该企业能生产出合格的产品。

4. 供应商财务状况稳定

供应商的财务状况直接影响到其交货和履约的绩效，如果供应商的财务出现问题，周转不灵，就会影响供货进而影响连锁企业产品生产及销售。

知 识 拓 展

家乐福对供应商的选择甚于对商品质量的选择，对他们来说，选择了合适的供应商，才有可能采购到合格的商品，没有好的供应商，一切都无从谈起，所以家乐福对供应商要求的苛刻程度可能有点让人无法理解。他们对供应商的选择一般要经过半年或一年考察，才能决定供应商是否合格，然后对商品价格进行考察，考察后还要对供货商产品的规格、质量进行严格测试和打样，最后才给供货商下生产通知单。跨国商业企业对供应商的考察内容分为厂房和生产状况、质量管理、安全生产是否合乎劳动法规等，甚至连厕所是否干净都要考察。除了重视质量管理外，他们对供应商的社会行为也特别关注。

三、供应商选择的方法

供应商选择的方法很多，不同的选择方法适合的环境和条件都有所不同，各连锁企业根据自己的实际情况运用恰当的方法选择符合自己要求的供应商。这里主要介绍 4 种常用的方法，如图 4-6 所示。

图 4-6　供应商选择的方法

（一）直观判断法

直观判断法是指连锁企业通过调查、征询意见、综合分析和判断来选择供应商的一种方法，是一种主观性较强的判断方法，主要是倾听和采纳有经验的采购人员的意见，或者直接由采购人员凭经验做出判断。这种方法的质量取决于对供应商资料掌握得是否正确、齐全和决策者的分析判断能力与经验。这种方法运作简单、快速、方便，但是缺乏科学性，受掌握信息的详尽程度限制，常用于选择企业非主要商品的供应商。

（二）考核选择法

考核选择就是在对供应商充分调查了解的基础上，再进行认真考核、分析比较而选择供应商的方法。

1. 初步了解供应商

供应商调查对象的初步选择非常简单，选择的基本依据就是其产品的品种规格、质量价格水平、生产能力、地理位置和运输条件等，在这些条件合适的供应商中选择出几个，就是初步供应商调查的对象。

2. 深入调查供应商

对于关键产品和重要产品，要认真选择供应商，要对这些产品的供应商进行深入的考察考核，选择真正能够满足本企业的供应商。主要的考核标准是企业的实力、生产能力、技术水平、质量保障体系和管理水平等。

3. 考察初选供应商

初步确定的供应商还要在试运行阶段进行考察。考察内容包括产品质量合格率、准时交货率、交货差错率、交货破损率、价格水平、进货费用水平、信用度、配合等的考核和评估。

4. 选择供应商

通过试运行阶段的考察，得出各个供应商的综合评估成绩，基本上就可以最后确定哪些供应商可以入选，哪些供应商被淘汰，哪些应列入候补名单，候补名单中的成员可以根据情况处理，可以入选，也可以落选。

知 识 拓 展

现在一些企业为了制造供应商之间的竞争机制，创造了一些做法，就是故意选两个或三个供应商，称作 AB 角或 ABC 角。A 角作为主供应商，分配较大的供应量。B 角（或再加上 C 角）作为副供应商，分配较小的供应量。综合成绩为优的供应商担任 A 角，候补供应商担任 B 角。在运行一段时间以后，如果 A 角的表现有所退步而 B 角的表现有所进步的话，则可以把 B 角提升为 A 角，而把原来的 A 角降为 B 角。这样无形中就造成了 A 角和 B 角之间的竞争，促使他们竞相改进产品和服务，使得采购企业获得更大的好处。

（三）招标选择法

当采购商品数量大、供应市场竞争激烈时，可以采用招标方法来选择合适的供应商。主要做法是先由连锁企业提出招标条件，各供应商进行招标，然后由企业分析研究，选择出综合条件最好的供应商并签订采购协议。招标选择法能使连锁企业在较大范围内获得既满足条件又便宜适用的商品，但此法的运作时间长，不适用于对时间要求较紧的商品采购。连锁企业常用于主要常规商品供应商的选择。

（四）协商选择法

协商选择法是指连锁企业先通过调查研究从众多供应者中选出供应条件较为有利的若干供应商，同他们分别进行协商，再确定合适供应商的方法。与招标选择方法比较，协商选择方法因双方能充分协商，而在商品质量、交货日期和售后服务等方面更有保证，但由于选择范围有限，不一定能得到最便宜、供应条件最有利的供应商。这种方法主要在采购时间紧迫、投标单位少、供应商竞争不激烈、订购商品规格和技术条件比较复杂的情况下采用。

四、供应商选择的策略

通过对供应商科学地进行评价，从而选择合理的供应商。具体策略如图 4-7 所示。

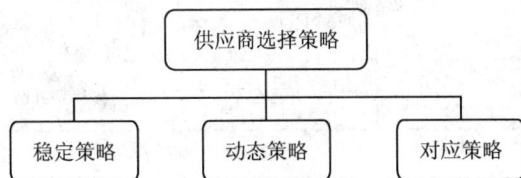

图 4-7　供应商选择的策略

1. 稳定策略

选择综合素质较好的供应商作为合作伙伴，并不断加强两者间的关系，以便长期合作。采用这种策略可使企业货源稳定，产品质量、数量、交货期等得以保证，保证企业能稳定地经营。

2. 动态策略

市场的需求多变，为了满足市场的需要，企业的产品组合要不断地调整，导致企业采购的商品结构也要不断地调整，当原来供应商的经营范围与企业的需要不适应时，需调换供应商。

与供应商建立长期稳定的关系固然重要，但一些长期老关系的供应商的信誉会发生变化。为保证企业利益，应淘汰一些不合格的供应商，选择开发更好的供应商，与之建立合作关系，也促进老供应商不断调整自己，提高信用。

3. 对应策略

科技含量较高的产品，在评价和选择供应商时，质量、服务因素权数大，而价格权数小，对一般大宗商品在质量一定时，价格权数较大。

市场有 3 种态势，针对不同态势，在选择供应商时要采取不同的对应策略：

1）供小于求的紧俏产品，因该种产品较紧俏，不及时购买就会买不到，影响企业的经营，因此，在选择评价供应商时，质量的权数适当放小，否则采购不到，会因小失大。

2）供大于求的滞销产品，可选择的余地大，要货比多家，价格的权数适当放大。

3）供求平衡的平稳产品，质量是主要的，其次才是价格因素。

知 识 拓 展

供应商选择过程中常见的问题与对策如表 4-3 所示。

表 4-3　供应商选择过程中常见问题与对策

问 题 点	对 　 策
缺乏有系统、有计划的制度	宜先建立一套供应商的标准作业办法、流程及计划
选择供应商时间过长	建立或落实开发供应商的时限或家数
缺乏有组织性的开发供应商	宜设立专责人员推动组织，并由主办单位召集相关各方共同协办与参与
"多头马车"或缺乏客观的开发供应标准	指定主办单位并制定供应商的评选标准
缺乏开发供应商的正确观念	宜规划教育训练，进行全员共识建设
开发供应商的人员专业性不足	加强专业的访查技能训练
供应商的情况不足	建立供应商情报收集及管理系统，并定期检查及更新
采购员不会自动开发供应商，只求工作轻松，抱着"多做多错，少做少错，不做不错"的心态	灌输"多做不错，不做大错"的观念，并设定开发供应商的目标
对供应商开发的产品，觉得不适用，需学习说"不"的艺术	建立公开、公平、公正的原则和奖惩办法

■ **任务实施**

一、供应商选择的基本步骤

供应商选择的基本步骤如图 4-8 所示。

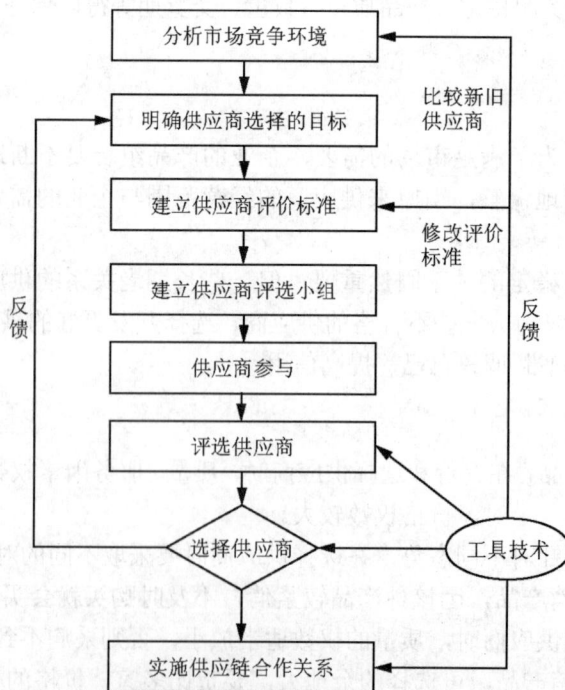

图 4-8　供应商选择的基本步骤

二、供应商选择要点与技巧

1. 分析市场竞争环境

建立基于信任、合作、开放性交流的供应链长期合作关系，必须首先分析市场竞争环境，必须知道现在产品的需求是什么、产品的类型和特征是什么，找到针对哪些产品市场开发供应链合作关系才有效，以确认用户的需求。

2. 明确选择供应商的目标

企业必须确定供应商的评价程序，必须建立实质性的、实际的目标。供应商评价和选择是企业自身的一次业务流程重构过程，如果实施好的话，它可以带来显著的经济效益。

3. 建立供应商的评价标准

供应商评价的指标体系是企业对供应商进行综合评价的依据和标准。不同行业、企业的产品需求和不同环境下的供应商的评价侧重点是不一样的，这些标准如表4-4所示。

表4-4 供应商的主要评价标准

评 价 要 素	评 价 标 准
交货时间	按时供应
质量	满足企业的质量体系
价格	等于或低于采购价格
服务	以企业的满意度为指标
柔性	能按企业的要求改变和调整供应
信誉	以下标准执行的合格情况（略）

4. 建立供应商评选小组

供应商的选择绝不是采购员个人的事，而是一个集体的决策，涉及企业的生产、技术、计划、财务、物流及市场等部门，因此连锁企业需要建立一个专门的评选小组来控制和实施供应商的选择。

5. 供应商参与

一旦连锁企业决定实施供应商评选，评选小组与初步选定的供应商取得联系，来确认他们是否愿意与连锁企业建立供应链合作关系，是否有获得更高业绩水平的愿望，所以连锁企业应尽可能早地让供应商参与到评价过程中来。然而，连锁企业的力量和资源毕竟有限，只能与少数关键的供应商保持紧密合作，所以参与的供应商应该是尽量少的。

6. 评选供应商

评选供应商的一个主要工作是调查、收集有关供应商经营运作等方面的信息，在收集信息的基础上，就可以利用一定的工具和技术方法进行供应商的评选。

7. 选择供应商

在现有的供应商和潜在的供应商中选择符合企业要求的供应商，是供应商选择机制的最后环节，根据现有的供应商和潜在的供应商的供应能力，利用所得到的调研数据，按照选择标准，对现有的供应商和潜在的供应商进行排序，从中选择最为有利的供应商。

8. 建立供应链合作关系

建立供应链合作关系也是不可忽视的重要环节。企业的决策者应该根据企业的具体状况和市场竞争态势，选择有效的供应链合作关系。在建立供应链合作关系的过程中，市场需求和市场竞争状态将不断变化，可以根据实际情况改变供应链合作关系或重新开始供应商选择。

▎实践体验

【任务】调查某超市选择供应商的标准。

【目的】通过对供应商选择标准的调查训练，使学生能明确供应商选择对企业的重要性。

【要求】实地考察某一家超市，4～6人一组，每组确定一名组长，对超市选择供应商的标准进行实地调查，根据调查结果，填写供应商选择的标准调查表，如表4-5所示。

表4-5 供应商选择的标准

企业名称：　　　　　　　　　　　　　　地址：
企业性质：　　　　　　　　　　　　　　电话：

供应商选择标准	具 体 描 述

任务3 供应商考核

▎任务描述

某连锁企业采购主管经过选择多方对比，决定与几个供应商签订合同，可是双方合作了一段时间后，该连锁企业的采购主管决定对这几个供应商进行全面考核，从而能详细地掌握这几个供应商的具体情况，那么该连锁企业应从哪些方面对供应商进行考核呢？

▎任务分析

供应商考核是为了引导供应商积极参与本企业的商品采购活动，完善企业采购制度，提高供应商的竞争意识和竞争能力，降低采购风险，强化售后服务，能更好地为本企业的经营管理服务，最终实现建立和谐的供应链合作伙伴关系。该企业要顺利完成本工作，应从以下4个方面着手：

1）明确供应商考核的对象及目标。

2）运用供应商考核方法，对供应商实施分级管理。

3）列举供应商考核指标，并能对各指标进行熟练的计算。

4）制订合理的供应商考核步骤。

▌相关知识

一、供应商考核概述

1. 供应商考核的含义

连锁企业供应商考核主要是指对连锁企业签订正式合同的各类供应商在整个运作活动中的全面考核，这种考核应当比试运作期间更全面。

2. 供应商考核的目标

在战略合作关系中，买卖双方以实现双赢作为目标，共同致力于双方协作流程的改善，不再仅仅考虑价格因素，而是更多地看重双方长期持续稳定的合作。在与供应商建立战略合作关系的过程中，进行供应商绩效考核是非常重要的一环，通过供应商绩效考核，连锁企业可以实现以下目标：①获得持续的绩效改进，包括成本、质量、交货、服务及技术合作等各方面的改善；②鼓励供应商检查内部运作，并不断改善企业本身的流程；③不断与供应商进行信息交流，建立共享机制，实现双赢的供应关系。

二、供应商考核的方法

目前，在大型连锁企业的实际操作中，采购人员每季度采用 ABC 分类法来考核与企业业务往来的供应商，并按百分制的形式来计算得分，对不同等级供应商实施分别管理，具体如表 4-6 所示。

表 4-6　供应商定期评估的 ABC 分类法

A 类供应商	B 类供应商	C 类供应商
业绩占销售额的 80%左右，占供应商总数的 30%，要求得分在 80 分以上。管理上按合同准时结算，每周至少电话联系 1 次，每月至少见面 1 次。工作中要求其提供好的商品及具有优势的商品价格，以实现销售业绩	合格供应商，业绩占销售额的 15%左右，占供应商总数的 55%，要求得分在 60 分以上。管理上参考库存金额按合同所签订的交易条件结算，每月至少见面或电话联系 2 次。工作重点是实现营业外收入	业绩占销售额的 5%左右，占供应商总数的 15%，得分在 50~60 分的供应商。管理上应控制库存金额，有希望的培养为 B 类供应商，无希望的寻找替代供应商，如需要培训的还加收通道费。每次评估对 C 类供应商后 3 位进行淘汰，如属补充商品结构的供应商保留；属价格问题销售不好或商品品种单一、无市场潜力的供应商需淘汰

ABC 分类法以供应商提供商品的销售情况、商品毛利情况、供应商配合情况等多项指标确定供应商的贡献大小，把供应商分为 ABC 三类。对贡献最大、数量较少的 A 类供应商进行重点管理，对贡献一般、数量较多的 B 类供应商进行一般管理，对贡献很小、数量较少的 C 类供应商进行淘汰。

三、供应商考核的指标体系

连锁企业常用的供应商考核指标体系主要由 11 项指标所构成，如图 4-9 所示。

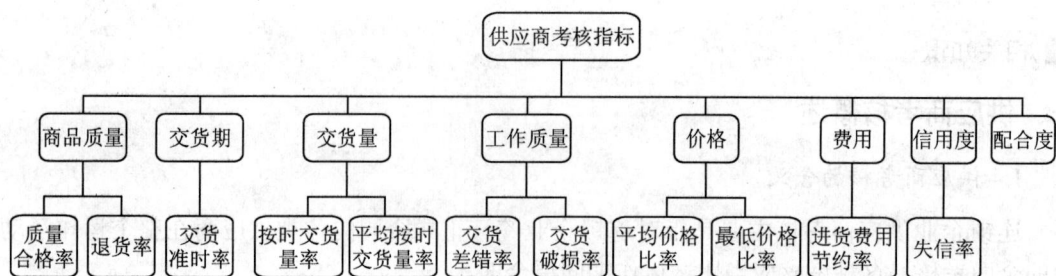

图 4-9 供应商考核的指标体系

1. 商品质量

商品质量是供应商考核最重要的因素，商品质量直接关系连锁企业的信用和效益，把好质量关是供应商管理的关键。评价供应商商品质量的指标较多，连锁企业常用质量合格率和退货率进行考核。

质量合格率是指某供应商所提供的商品中合格的商品质量占全部商品的百分比，质量合格率越高越好。基本公式为

$$质量合格率 = \frac{合格商品数量}{所供商品总量} \times 100\%$$

退货率是某供应商的退货量占所提供商品总量的百分比。退货率越高，表明该供应商所提供的商品质量越差。基本公式为

$$退货率 = \frac{退货商品数量}{所供商品总量} \times 100\%$$

2. 交货期

交货期主要是考察供应商的准时交货率。准时交货率可以用准时交货的次数与总交货次数之比来衡量，该指标越高越好。基本公式为

$$准时交货率 = \frac{准时交货次数}{总交货次数} \times 100\%$$

3. 交货量

交货量主要是考核供应商是否按合同规定的数量按时交货，它可以用按时交货量率来表示。按时交货量率是指规定交货期内的实际交货量与期内应当完成交货量的比率。基本公式为

$$按时交货量率 = \frac{期内完成交货量}{期内应完成交货量} \times 100\%$$

如果每期的按时交货量率不同，则可用平均按时交货量率评价，基本公式为

$$平均按时交货率 = \frac{\sum 按时交货量率}{交货次数} \times 100\%$$

4. 工作质量

工作质量主要是考核评价供应商在供货过程中差错的大小，常用交货差错率和交货破损率两个指标来衡量。基本公式为

$$交货差错率=\frac{期内交货差错量}{期内交货总量}×100\%$$

$$交货破损率=\frac{期内交货破损量}{期内交货总量}×100\%$$

5. 价格

考核供应商的价格水平，可以和市场同档次产品的平均价和最低价进行比较，分别用市场平均价格比率和市场最低价格比率两个指标来表示。基本公式为

$$平均价格比率=\frac{供货商的供货价-市场平均价}{市场平均价}×100\%$$

$$最低价格比率=\frac{供货商的供货价-市场平均价}{市场最低价}×100\%$$

6. 进货费用水平

进货费用水平越低，利润空间就越大，连锁企业常用进货费用节约率来考核。基本公式为

$$进货费用水平=\frac{本期货费用-上期进货费用}{上期进货费用}×100\%$$

7. 信用度

信用度主要考核供应商履行自己的承诺、以诚待人，不故意拖账、欠账的程度。基本公式为

$$信用度=\frac{期内失信次数}{期内交往总次数}×100\%$$

8. 配合度

配合度主要考核供应商的协调精神。考核供应商的配合度，靠人们的主观评分来考核，主要找与供应商相处的有关人员，让他们根据这个方面的体验为供应商评分。

▌任务实施

一、供应商考核的基本步骤

供应商考核的基本步骤如图 4-10 所示。

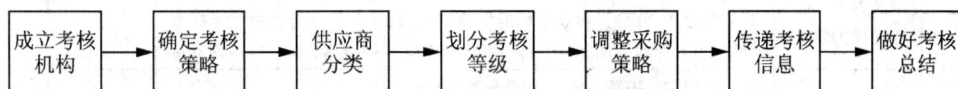

图 4-10　供应商考核的基本步骤

二、供应商考核的要点与技巧

1. 成立考核机构

由于供应商考核工作涉及面广、工作量大、要求高，为了客观公正地考核供应商，从而得出较正确的考核结果，需要成立考核机构，该机构一般由采购、质检、配送和财务等部门组成。

2. 确定考核策略

一般的做法是划分出月度考核、季度考核和年度考核（或半年考核）的标准和所涉及的供应商，如表 4-7 所示。

表 4-7　供应商考核策略

考 核 策 略	考 核 对 象	时 间	考核主要指标
月度考核	核心供应商及重要供应商	每月一次	质量和交货期
季度考核	大部分供应商	每季度一次	质量、交货期和成本
年度考核	所有供应商	每半年或每年行一次考核	质量、交货期、成本、服务和技术合作等

知 识 拓 展

　　进行分层次考核的目的在于抓住重点：对核心重要的供应商进行关键指标的高频次评估，以保证能够尽早发现合作过程中的问题；对于大部分供应商则主要通过季度考核和年度考核来进行不断检讨，并通过扩充考核要素进行较为全面的评估。

3. 供应商分类

确定考核策略和考核层次之后，接下来要对供应商进行分类，进一步建立评估细分准则。需要特别指出的是，考核策略需要根据不同的层次、不同供应商类别进行具体设定。层次不同、供应商类别不同，考核的策略也不同，需要与企业具体的管理策略结合进行定义。

4. 划分考核等级

采用平衡记分卡，对供应商的每一项指标进行具体考核后，接下来要对供应商的绩效表现进行等级划分。例如，将供应商绩效分成 5 个等级，依据等级划分，可以非常清楚地衡量每家供应商的表现。表 4-8 是某连锁企业对供应商的考核表之一。

表 4-8　某连锁企业供应商考核表

供应商名称			联系人	
地址及邮编			电话	
项目	配分	考核内容及方法	得分	考核人
价格	最高为 40 分，标准分为 20 分	据市场最高价、最低价、平均价、自行估价制定标准价格，标准价格对应分数为 20 分。每高于标准价格 1%，标准分扣 2 分，每低于标准价格 1%，标准分加 2 分。同一供应商供应几种商品，得分按平均计算		
品质	30 分	交货批退率＝退货批数/交货总批数×100% 得分＝30 分×（1－批退率） 批退率越高，表明其品质越差，得分越低		
逾期率	20 分	逾期率＝逾期批数/交货批数 得分＝20 分×（1－逾期率） 另外，逾期 1 天，加扣 1 分；逾期造成停工待料 1 次，扣 2 分		
配合度	10 分	出现问题，不太配合解决，每次扣 1 分 公司会议正式批评或抱怨 1 次扣 2 分 客户批评或抱怨 1 次扣 3 分		

续表

总　　计	
备注	1. 得分在 85~100 分者为 A 级，A 级为优秀供应商，可加大采购量 2. 得分在 70~84 分者为 B 级，B 级为合格供应商，可正常采购 3. 得分在 60~69 分者为 C 级，C 级为应辅导供应商，需进行辅导，减量采购或暂停采购 4. 得分在 59 分以下者为 D 级，D 级为不合格供应商，予以淘汰 5. 单项得分低于 60% 者，属于不合格供应商

5. 调整采购策略

根据供应商的绩效表现，我们对供应商进行重新分类，有针对性地调整采购战略。以供应商绩效和采购金额为轴，如图 4-11 所示，X 轴表示供应商绩效，Y 轴表示本期采购金额。图 4-11 中的每一个圆代表一家供应商。

将这个图分成 ABCD 四个象限。在 A、B 两个象限中，供应商绩效表现相对良好，因此无论我们向该供应商购买的金额多少，都可以暂时不用太多关注。处于 C 象限表示向该供应商购买的金额很大，而该供应商的绩效表现并不好，一般是寻找替代供应商或要求供应商进行改善。处于 D 象限的供应商，绩效表现不好，但采购金额不大，完全可以采用更换供应商的策略进行调整。

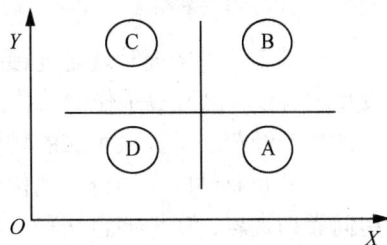

图 4-11　采购策略

6. 传递考核信息

进行供应商分类之后，对于希望继续合作但表现不够好的供应商要尽快设定供应商改善目标。因此要将供应商考核结果及时反馈给供应商，促进其改善经营管理，提升服务水平。

7. 做好考核总结

考核结论确认后，考核机构应及时进行工作总结，将考核目录、考核标准、指标体系、考核过程及考核结果等形成书面总结材料，并建立考核工作档案，为今后的供应商考核奠定基础。

▌ 实践体验

【任务】调查某小型超市日用品供应商的考核指标。

【目的】通过对供应商考核指标的调查训练，使学生能明确供应商考核指标对企业的重要性。

【要求】实地考察某一家小型超市，4~6 人一组，每组确定一名组长，对超市日用品供应商的考核指标进行实地调查，根据调查结果，填写供应商考核表，如表 4-9 所示。

表 4-9　供应商考核表

供应商基本信息	名称		地址		
	联系人		电话		
考核项目数	考核项目	优（10 分）	良（8 分）	中（6 分）	差（4 分）	得分

续表

考核项目数	考核项目	优（10分）	良（8分）	中（6分）	差（4分）	得分
合计						
考核结果	A类供应商	B类供应商	C类供应商	不能成为供应商		
备注						

项 目 小 结

连锁企业供应商管理是连锁企业根据经营管理的需要，对供应商进行调研、选择、开发、使用、考核和激励等工作的总称。其根本目的是建立起一支稳定可靠的供应队伍，为连锁企业的生产经营活动提供可靠的物资供应。

连锁企业供应商调查可优化渠道、降低成本、协调发展；连锁企业对供应商调查主要采用问卷调查法、实地调查法和方案调查法等。连锁企业对供应商的调查分为资源市场调查、供应商初步调查及供应商深入调查3个步骤。

供应商选择是连锁企业供应商管理的基础，连锁企业在选择供应商时应着重考虑商品价格、商品质量、供应能力、信誉、服务水平、地理位置、技术水平和其他条件等因素。连锁企业供应商的选择标准有短期标准和长期标准，短期标准包括合适的商品质量、较低的成本、及时交货和整体服务水平；长期标准包括供应商内容组织完善、供应商质量管理体系健全、供应商内部机器设备先进和供应商财务状况稳定。连锁企业在选择供应商时，通常采用直观判断法、考核选择法、招标选择法和协调选择法。连锁企业供应商选择一般分为分析市场竞争环境、明确供应商选择的目标、建立供应商评价标准、建立供应商评选小组、供应商参与、评选供应商、选择供应商和供应链合作关系等步骤。

连锁企业供应商考核主要是指对连锁企业签订正式合同的各类供应商在整个运作活动中的全面考核，考核方法一般采用ABC分类法，实施不同的分级管理。考核指标主要有商品质量、交货、交货量、工作质量、价格、费用、信用度和配合度等。供应商考核分为成立考核机构、确定考核策略、供应商分类、划分考核等级、调整采购策略、传递考核信息、做好考核总结等步骤。

思 考 练 习

一、单项选择题

1. 供应商调查的常用方法有问卷调查法、文案调查法和（　　）。
   A. 实地观察法　　　　　　　　　B. 抽样调查法
   C. 文献调查法　　　　　　　　　D. 实验调查法
2. 商品质量考核的主要指标是质量合格率和（　　）。
   A. 交货破损率　　　　　　　　　B. 按时交货量率
   C. 退货率　　　　　　　　　　　D. 平均价格比率

3. 供应商调查可优化渠道、降低成本和（　　）。
　　A. 提高企业效益 　　　　　　　　B. 协调发展
　　C. 提升企业形象 　　　　　　　　D. 审查供应商
4. 供应商深入调查内容包括设备工艺、生产技术和（　　）。
　　A. 商品品种　　　　B. 管理技术　　　　C. 商品质量　　　　D. 商品价格
5. 供应商的选择策略有稳定策略、对应策略和（　　）。
　　A. 淘汰策略　　　　B. 分级策略　　　　C. 动态策略　　　　D. 静态策略

二、多项选择题

1. 影响供应商选择的因素有（　　）。
　　A. 供应能力　　　　B. 信誉　　　　　　C. 地理位置　　　　D. 技术水平
2. 供应商选择的短期标准有（　　）。
　　A. 合适的商品质量 　　　　　　　B. 较低的成本
　　C. 及时交货 　　　　　　　　　　D. 整体服务水平好
3. 供应商选择的方法有直观判断法和（　　）。
　　A. 考核选择法 　　　　　　　　　B. 评分法
　　C. 招标选择法 　　　　　　　　　D. 协商选择法
4. 供应商年度考核的主要指标是（　　）。
　　A. 质量　　　　　　B. 交货期　　　　　C. 服务　　　　　　D. 成本
5. 供应商的主要信息来源有（　　）。
　　A. 采购指南　　　　B. 产品发布会　　　　C. 互联网　　　　D. 行业期刊

三、判断题

1. 问卷调查法指调查者凭借自己的感觉感官或借助科学的观察仪器，直接了解供应商的情况的一种方法。（　　）
2. 商品品种、规格、质量及价格，企业的实力、规模、生产能力和技术水平是供应商深入调查的内容。（　　）
3. 供应商初步调查的基本方法，一般可以采用访问调查法。（　　）
4. 供应商财务状况稳定是供应商选择的短期标准。（　　）
5. 科技含量较高的产品，在评价和选择供应商时，质量、服务因素权数大，而价格权数小，一般大宗商品在质量一定时，价格权数较大。（　　）

四、简答题

1. 供应商调查的步骤有哪些？
2. 供应商选择的步骤有哪些？
3. 供应商考核的步骤有哪些？
4. 供应商考核的指标体系有哪些？

五、案例分析题

家乐福供应商管理策略

家乐福供应商的管理是从选择环节开始的。通过一套行之有效的标准制度，家乐福实现了对供应商的有效管理。

1. 严格考察供应商

（1）供应商分销系统的覆盖面

查看供应商分销系统是否能够覆盖所有门店。例如，在中国，家乐福的门店西到成都、重庆，南至广州，北到哈尔滨。几乎所有的家乐福门店都没有超大规模的仓库，所有产品要通过合作公司的分销商或者第三方物流送达。如果合作公司部分地区分销商不能够满足家乐福对送货的要求，或者合作者的分销商很弱，管理和物流分销能力不足，那么将在很大程度上影响家乐福的利益。

（2）供应商产品的适用范围

查看供应商的产品是否适合在其所有门店销售。有些时候，即使供应商的分销系统能够覆盖所有家乐福的门店，家乐福还要考虑产品是否适合在该地区门店销售。例如，在中国，黄酒类产品在华东地区销售量很好，很受消费者青睐，可是在北方地区就有口味隔阂，因此家乐福就要考虑是不是暂时不要将该产品配往北方市场。因为家乐福一旦决定在某一区域市场销售某一供应商的产品，则该产品就必须覆盖该区域市场内的所有门店。

（3）供应商的产品质量

家乐福对供应商产品的要求尤其注重产品的质量，它要求工厂在消费品的生产过程中不得产生污染，在包装方面必须充分考虑利用可再生的和可降解的材料，产品必须设计成可循环使用的。同时，家乐福在产品质量的控制方面已有一套完整的体系，具体工作上由各地的采购中心负责，他们会在供应商报价之前对工厂进行实地评估，进行前期、后期及在线生产时的质量控制，跟踪并纠正制造商的质量，在整个过程中，家乐福会对企业的不足方面进行指导和帮助，以此将供应商和销售商的利益联结在一起，形成一种利益共享的关系。

2. 慎重筛选供应商

家乐福对商品进行市场细分，在每一个细分市场上选择不同的供应商，家乐福对有合作意向的供应商提出了诸多要求。例如，在欧洲，家乐福对供应商提出这样的要求：产品要有价格优势；产品要有良好的质量；生产商要有大批量生产的能力；直接生产厂商或出口公司要有出口权；要有迅速反应能力；必须能准时交货；要有创造性和创新精神等。

3. 确定进场费

在每个供应商的合同中，家乐福都会规定一定比例的进场费，具体包括进场费、新进供货商费、促销费及赞助费等。

4. 与供应商密切合作

家乐福与供应商的密切合作表现在价格弹性上。任何供应商提供的商品价格都要有上下弹性浮动的空间，凡涉及对方利益的都一律经过协调达成一致。

5. 利用供应商的资金周转

供应商也为家乐福提供了源源不断的周转资金，家乐福手中始终会占用着一笔供应商的货款。家乐福的大卖场每天的商品销售是一般的超市所不能比拟的，这样家乐福不可能只靠自己的流动资金去运作，为此，家乐福与供应商之间签订的付款条件是："到货后按合同中的规定天数付款，月结 60 天。"这就是说，家乐福正是在利用供应商的资金周转。

此外，家乐福也特别强调与供应商共同发展，如为供应商及时提供信息资源、定期与供应商进行联谊沟通等。供应商可以在家乐福计算机系统里及时查询到自己商品的销售、库存等市场信息，为生产决策提供依据。

思考下列问题:

1. 家乐福对供应商考察的内容包括哪些?
2. 家乐福供应商管理策略有哪些?
3. 结合实际,简述供应商管理对连锁企业有何作用。

项 目 实 训

【任务】制定供应商的考核方案。

【目的】通过供应商考核训练,使学生掌握供应商考核的具体步骤,运用供应商的考核指标,培养学生分析问题及解决问题能力。

【资料】快乐购是一个有数年历史的连锁企业,通过不断地自我完善,他们意识到以往的由采购部经理进行供应商考核的体制,已经不适应公司的发展需要,并很难公平地对待供应商。同时,这也可能带来暗箱操作等腐败现象。快乐购公司除了采购部,还有质量部、运输部、财务部和销售部等多个业务部门,在工作中,他们逐渐注意到商品的价格已不再是考核供应商的唯一因素,还有其他的因素,如质量、交货期、交货量、信用度及配合度等也影响着快乐购公司的成本和效率,因此,快乐购公司的管理层决定由多个部门的代表共同组成一个小组,来对供应商进行考核。

【要求】4~6 人一组,每组确定一名组长,根据相关资料,制定供应商的考核方案。

项目 ⑤ 连锁企业采购谈判

【项目导航】

实践证明，一次成功的谈判可以救活整个企业，而一次失败的谈判可能葬送一个企业。采购谈判的特殊地位，决定了它在连锁企业采购业务活动中具有重要作用。

本项目主要学习和训练如何进行采购谈判、采购谈判策略选择和采购谈判技巧运用的基本知识和技能，如图 5-1 所示。

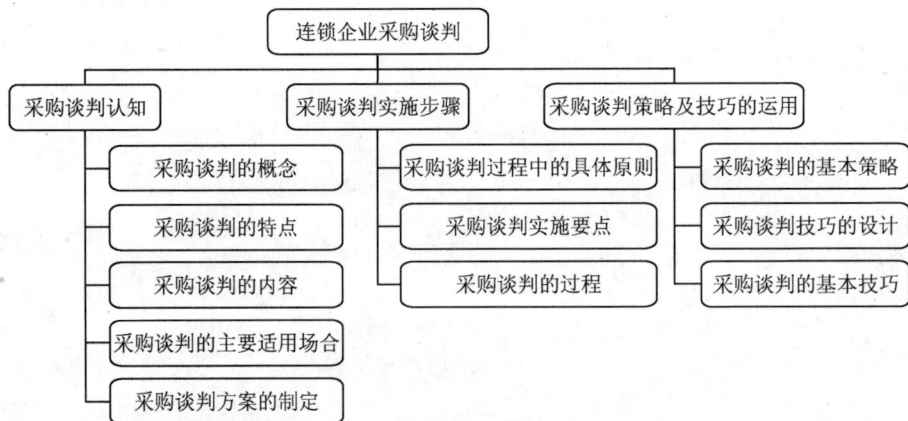

```
                        连锁企业采购谈判
        ┌───────────────────┼───────────────────────┐
    采购谈判认知          采购谈判实施步骤        采购谈判策略及技巧的运用
        │                    │                        │
    采购谈判的概念        采购谈判过程中的具体原则    采购谈判的基本策略
        │                    │                        │
    采购谈判的特点        采购谈判实施要点          采购谈判技巧的设计
        │                    │                        │
    采购谈判的内容        采购谈判的过程            采购谈判的基本技巧
        │
    采购谈判的主要适用场合
        │
    采购谈判方案的制定
```

图 5-1　连锁企业采购谈判

学习目标

知识目标	能力目标	情感目标
1. 陈述采购谈判的概念、特点、基本原则及内容	1. 认知采购谈判的相关概念	1. 沟通能力
2. 能巧妙运用采购谈判的策略及技巧	2. 设计连锁企业采购谈判的实施过程	2. 语言表达能力
3. 能清晰说明采购谈判的实施步骤	3. 合理运用采购谈判技巧	3. 团队协作能力
4. 能准确描述采购谈判的实施要点	4. 合理选择采购谈判策略	4. 严谨认真

任务 1　采购谈判认知

■ 任务描述

小王作为一名企业采购员，为了给企业带来利益，经常与供应商就商品价格、服务等问题进行协商谈判，那么应如何制定采购谈判方案呢？

■ 任务分析

对于大多数连锁企业而言，由于统一的标准化经营管理体制，所有分店经营的商品都由连锁企业总部采购部门集中采购，采购方必须与供应商进行面对面的直接接触，进行谈判，如果要很好地进行谈判，首先应该具备以下基本知识和技能：

1）了解采购谈判的概念。

2）熟悉采购谈判的特点。

3）掌握采购谈判内容。

4）重点掌握采购谈判方案的制定。

▍相关知识

一、采购谈判的概念

采购谈判是指连锁企业为采购商品与供应商就购销业务有关事项，如商品的品种、规格、技术标准、质量保证、订购数量、包装要求、售后服务、价格、交货日期与地点、运输方式、付款条件等进行反复磋商，谋求达成协议，建立双方都满意的购销关系。

二、采购谈判的特点

1. 合作性与竞争性

由于采购谈判建立在双方的利益既有共同点也有分歧点的基础上，因此合作性与竞争性并存是采购谈判的主要特点。合作性表明双方的利益有共同面，竞争性表明双方利益有分歧点。作为谈判人员要尽可能加强双方的合作性，尽量减少双方的恶性竞争。但是，合作性和竞争性是可以转化的，如果合作性的比例加大，竞争性的比例将会减少，那么双方谈判成功可能就大；反之，谈判可能失败。

2. 原则性和可调整性

原则性指谈判双方在谈判中最后退让的界限，即谈判的底线。可调整性是指谈判双方在坚持彼此基本原则的基础上可以向对方做出一定让步和妥协的方面。在采购谈判中，原则性与可调整性可以同时并存；作为谈判人员，要从谈判中分析双方的原则性差距的大小，并分析是否通过谈判，能调整这种差距，使谈判成功。在原则性方面的差距越大，谈判的任务就越艰巨。所以在原则性方面差距较大的情况下，谈判人员要有充分的准备，要采取种种手段来消除和缩小这种差距，也要做好谈判失败的应变措施。

3. 经济利益中心性

在采购谈判中双方主要是以各自的经济利益作为谈判的中心，作为供应商，希望以较高的价格出售而使己方得到较多的利润；而作为采购方，则希望以较低的价格购买而己方降低成本。因此谈判的中心是各自的经济利益，而价格在谈判中作为调节和分配经济利益的主要杠杆，就成为谈判的重点。

三、采购谈判的内容

连锁企业采购人员同供应商进行谈判的依据是连锁企业制订的商品采购计划，商品促销计划及供应商文件。

1. 商品采购计划

商品采购计划包括商品大分类、中分类、小分类等商品各类别的总量目标，以及比例结构、周转率、各类商品进货标准、交易条件等。

2. 商品促销计划

商品促销计划主要包括参加促销活动的厂商及商品、促销的时间安排、促销期间的商品价格优惠幅度、广告费用负担及附赠品等细节内容。

3. 供应商文件

供应商文件主要有供应商名单、供货条件、订货条件、付款条件及凭据流转程序等。

上述 3 项文件尤其是供应商文件构成采购谈判内容的框架，也是采购合同的基本内容框架。具体的谈判内容主要包括以下几个方面。

1）采购商品——质量、品种、规格及包装等。

2）采购数量——采购总量及采购批量等。

3）送货——交货时间、频率、地点、送货量、保质期及验收方式等。

4）退货——退货条件、退货时间、退货地点、退货方式、退货数量及退货费用分摊等。

5）促销——促销保证、组织配合及费用承担等。

6）价格及价格折扣优惠——新商品价格折扣、单次订货数量折扣、累计进货数量折扣、不退货折扣（买断折扣）及提前付款折扣等。

7）付款条件——付款期限与付款方式等。

8）售后服务保证——包换、包退、包修及安装等。

上述谈判内容加上违约责任、合同变更与解除条件及其他必备内容就形成采购合同。

四、采购谈判的主要适用场合

连锁企业采购谈判主要适用以下几种场合：

1）多家供货厂商互相竞争时，通过采购谈判，使愿意成交的供货商在价格方面做出较大的让步。

2）采购商品的供货厂商不多，但企业可以自制，或向国外采购，或可用其他商品替代时，通过谈判使连锁企业做出有利的选择。

3）需用商品经公开招标，但开标结果，在规格、价格、交货日期及付款条件等方面，没有一家供货商能满足要求，要通过谈判再做决定。

4）原有商品的原采购合同期满，市场行情有变化，并且采购金额较大时，通过谈判进行有利采购。

■ 任务实施

一、连锁企业采购谈判方案的制定

采购谈判方案是指导谈判人员行动的纲领，主要包括谈判目标、谈判策略、谈判议程及谈判人员的分工职责等内容，如图 5-2 所示。

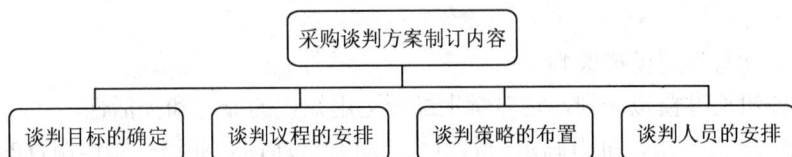

图 5-2 连锁企业采购谈判方案的制定

二、连锁企业采购谈判方案制定的要点与技巧

1. 谈判目标的确定

连锁企业在谈判之前，必须设定自己的谈判目标，谈判目标可分为 4 个层次，如表 5-1 所示。

表 5-1 采购谈判的 4 个层次

谈判目标层次	含　义
最优期望目标	对谈判某方最有利的目标，即在满足谈判某方实际需求利益之外，还有一个增加值
实际需求目标	谈判双方根据主客观因素，经过科学的预测和核算，纳入谈判计划的目标
可接受目标	能满足某方部分需求，实际部分经济利益的目标。对可接受目标采购员应采取现实和乐观态度
最低目标	谈判某方必须达到的目标。谈判过程中，谈判双方经常在开始阶段提出最优期望目标，经过反复压价，最终达成最低目标

2. 谈判议程的安排

1）时间安排，即确定在什么时间举行谈判、多长时间、各个阶段时间如何分配、议题出现的时间顺序等。

2）确定谈判议题，即谈判双方提出和讨论的各种问题。确定谈判议题首先须明确己方提出哪些问题，要讨论哪些问题。

3）拟定通则议程和细则议程。通则议程是谈判双方共同遵守使用的日程安排，一般要经过双方协商同意后方能正式生效。细则议程是己方参加谈判的策略的具体安排。

3. 谈判策略的布置

谈判策略布置是制订谈判的整体计划，从而在宏观上把握谈判的整体进程。制定谈判策略的基本步骤如下：

1）为谈判搜集具有重大影响的事实。

2）考虑共同利益点。

3）提出一系列问题。

4）制定谈判策略。

5）界定谈判的任务。

4. 谈判人员的安排

谈判人员应充分了解谈判的内容、目标和策略，密切配合，步调一致地进行谈判。谈判人员的多少，应视具体情况而定，过多控制权不易集中，过少又难于应付。

▊ 实践体验

【任务】采购与供应模拟谈判。

【目的】各组通过模拟谈判，培养学生综合运用知识的能力和灵活性。

【要求】6～8人一组，每组确定一名组长，对某一连锁企业进行实地调查的基础上，对连锁企业的综合采购计划做出有针对性的商谈，然后进行一次模拟采购与供应谈判。

任务 2　采购谈判实施步骤

▨ 任务描述

小王是上海某学校物流专业毕业生，目前在一家连锁经营企业实习，正好该连锁企业准备要增加一些新的供应商，该连锁企业想让小王去参与谈判，但小王对采购谈判的程序不太了解，你能告诉他吗？

▨ 任务分析

连锁企业在制定好谈判方案后，接下来就要按照一定的步骤进行有效的实施，而小王对采购谈判实施过程不太了解，所以建议他从以下4个方面着手：

1）明白连锁企业采购谈判过程中的原则。

2）理解连锁企业采购谈判实施要点。

3）明确连锁企业采购谈判的实施过程。

4）掌握连锁企业采购谈判的实施过程的内容。

▊ 相关知识

一、采购谈判过程中的具体原则

（一）谈判前的原则

1. 信息充足

注意信息的收集、分析和保密。在参与谈判的时候，只有在十分必要的情况下才能将有关的想法一点一滴地透露出去，绝不要轻易暴露自己已知的信息和正在承受的压力，并且应设法通过多种渠道去获取有关信息，以便及时调整我方的谈判方案。

2. 制定适当的目标

为自己确定的谈判目标有要机动的幅度并留有可进退的余地。一般来说，目标可分为 3 级，即最低目标、可接受目标和最高目标，最高目标应是努力争取的，最低目标是退让妥协的底线，可接受目标是可谈判的目标。

（二）谈判中的原则

1. 知己知彼

在条件许可的情况下，要努力事先掌握谈判对手的企业现状，如企业的信誉、优势和劣势等；弄清本次谈判的利益何在、问题是什么，谁是对方的决策人物等有关资料。只有知己知彼，才能百战百胜，才能有针对性地制定谈判策略，击中对手的要害，使己方处于优势。

2. 掌握主动权

价格往往成为谈判双方争执的焦点，要在价格问题上掌握主动权，其中一个方法就是援用"价格—质量—服务—条件—价格"逻辑循环谈判法则，即不给对方讨价还价的余地。

3. 不要急于向对方展示自己的实力

让对方摸不到自己的底牌是谈判主要的计策之一，所以不要轻易地把自己的要求和条件过早地、完整地告诉对方，应采取有效的暗示方式，同时多听、多问，这样有助于发觉事物的真相，探索对手的目的和动机，迫使对方更多地提供信息反馈，以确立和调整我方的策略、措施和方法。

4. 不要轻易放弃

一个客户就是一次商机，因此需要采取一切措施，使谈判对方对谈判保持极大的兴趣。通过给予对方心理上的更多的满足来增加谈判的吸引力。

（三）谈判后的原则

1）掌握结束时机。
2）确认做好谈判记录，双方签字。
3）事后总结的原则。

二、采购谈判实施要点

1. 谈判前要有充分的准备

知己知彼，百战百胜。采购人员必须了解商品的知识、品类市场及价格、品类供需情况、本企业所能接受的价格底线与上限，以及其他谈判目标。需要注意的是，一定要把各种条件列出优先顺序，将重点简短地写在纸上，在谈判时随时参考，提醒自己。

2. 只与有权决定的人谈判

谈判之前，最好先了解和判断对方的权限。采购人员应尽量避免与无权决定事务的人谈判，以免浪费自己的时间，同时也可避免事先将本企业的立场透露给对方。

3. 尽量在本企业办公室内谈判

采购员应尽量在本企业办公室内谈判，除了提高采购活动的透明度，杜绝个人交易行为之外，最大的目的其实是帮助采购人员创造谈判的优势地位。

4. 对等原则

不要单独与一群供应商的人员谈判，这样对己方极为不利。谈判时应注意"对等原则"，也就是说我方的人数与级别应与对方大致相同，如果对方极想集体谈判，应先予以拒绝，之后再研究对策。

5. 不要表露对供应商的认可和对商品的兴趣

交易开始前，对方的期待值会决定最终的交易条件，所以有经验的采购人员，无论遇到多好的商品和价格，都不过度表露内心的看法。在谈判的每一分钟，要一直持怀疑态度，不要流露与对方合作的兴趣，让供应商感觉在你心中可有可无，这样可以比较容易获得有利的交易条件。

6. 放长线钓大鱼

有经验的采购人员会想办法知道对手的需要，因此尽量在小处着手满足对方，然后渐渐引导对方满足采购人员的需要。但采购人员要避免先让对手知道我方的需要，否则对手会利用此弱点要求采购人员先做出让步。

7. 采取主动，但避免让对方了解本企业的立场

善用咨询技术，多询问，我们就可获得更多的市场信息。故采购人员应尽量将自己预先准备好的问题，以"开放式"的问话方式，让对方尽量暴露出其立场。然后再采取主动，乘胜追击，给对方足够的压力。

8. 必要时转移话题

若买卖双方对某一细节争论不休，无法谈判，有经验的采购人员会转移话题，或暂停讨论休息一下，以缓和紧张气氛，并寻找新的切入点或更合适的谈判时机。

9. 谈判时要避免谈判破裂，同时不要草率决定

有经验的采购人员，不会让谈判完全破裂，否则根本就不必谈判。他总会给对方留一点退路，以待下次谈判达成协议。但另一方面，采购人员须说明没有达成协议总比达成协议的要好，因为勉强达成的协议可能后患无穷。

10. 尽量以肯定的语气与对方谈话

对于对方有建设性的或自认为聪明的意见和发言，如果采取否定的语气容易激怒对方，让对方好没面子，谈判因而难以进行，甚至可能还会在你的背后下黑招。故采购人员应尽量肯定对方，称赞对方，给对方面子，这样对方也会愿意给你面子。

11. 尽量成为一个好的倾听者

一般而言，供应商业务人员总认为自己能言善辩，比较喜欢讲话。采购人员知道这一点，应尽量让他们讲，从他们的言谈举止之中，采购人员可听出他们的优势和缺点，也可以了解他们谈判的立场。

12. 尽量从对方的立场说话

很多人误以为在谈判时，应赶尽杀绝，毫不让步。但事实证明，大部分成功的采购谈判都要在彼此和谐的气氛下进行才可能达成。在相同交涉条件上，站在对方的立场去说明，往往更有说服力。因为对方更会感觉到：达成交易的前提是双方都能获得预期的利益。

13. 以数据和事实说话，提高权威性

用事实说话，对方就没办法过分夸大某些事情，从而保护住自己的原则。首先，作为零售商的采购人员，在谈判前，应明确自己的目标是什么？一定要坚持公司的原则，即使在不得不让步的情况下，也要反复强调该原则，而且这个原则是有数据和分析支持的。你要永远保持职业化的风格，让对手在无形中加深"他说的是对的，因为他对这方面很内行"的感觉。

14. 控制谈判时间

预计的谈判时间一到，就应真的结束谈判并离开，让对方紧张，以期对方做出更大的让步。可能的话，把他的竞争对手也同时约谈过来，让你的助理故意进来告诉你下一个约谈的对象（即他的竞争对手）已经在等待。

知识拓展

连锁企业采购谈判过程 14 "戒"：①准备不周；②缺乏警觉；③脾气暴躁；④自鸣得意；⑤过分谦虚；⑥不留情面；⑦轻诺寡信；⑧过分沉默；⑨无精打采；⑩仓促草率；⑪过分紧张；⑫贪得无厌；⑬玩弄权术；⑭泄露机密。

▍任务实施

一、采购谈判的过程

连锁企业采购谈判的过程可以分为 3 个显著的阶段，如图 5-3 所示。

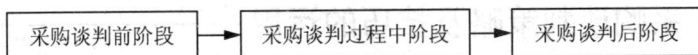

采购谈判前阶段 → 采购谈判过程中阶段 → 采购谈判后阶段

图 5-3 连锁企业采购谈判的过程

二、连锁企业采购谈判实施过程的内容

1. 采购谈判前阶段

采购谈判前阶段主要是计划的制订，成功的谈判计划包括以下步骤：

1）确立谈判的具体目标。
2）分析各方的优势和劣势。
3）收集相关信息。
4）认识对方的需要。
5）识别实际问题和情况。

6）为每一个问题设定一个成交位置。

7）开发谈判战备与策略。

8）向其他人员简要介绍谈判内容。

9）谈判预演。

2. 采购谈判过程中阶段

在谈判过程中，一般分为 5 个阶段，分别如下：

1）双方互做介绍，商议谈判议程和程序规则。

2）探讨谈判所涉及的范围，即双方希望在谈判中解决的事宜。

3）要谈判成功，双方需要有达成一致意见的共同目标。

4）在可能的情况下，双方需要确定并解决阻碍谈判达成共同目标的分歧。

5）达成协议，谈判结束。

3. 采购谈判后阶段

1）起草一份声明，尽可能清楚地详述双方已经达成一致的内容，并将其呈送到谈判各方以便提出自己的意见并签名。

2）将达成的协议提交给双方各自的委托人，也就是双方就哪些事项达成协议，从该协议中可以获得什么。

3）执行协议。

4）设定专门程序监察协议履行情况，并处理可能会出现的任何问题。

5）谈判结束后和对方举行一场宴会是必不可少的，在激烈交锋后，这种方式可以消除谈判过程中的紧张气氛，有利于维持双方的关系。

▎实践体验

【任务】按照采购谈判程序进行模拟谈判并记录谈判过程。

【目的】通过一次模拟谈判训练，使学生能熟悉采购谈判的实施过程。

【要求】全班分为若干组，其中 1 组和 2 组代表连锁企业，其余组代表不同的供应商，然后按照采购程序谈判。

任务 3　采购谈判策略及技巧的运用

▇ 任务描述

阳光皮衣销售专卖店是一家皮衣销售专营店，每年 10 月都要进行全国范围的皮衣选购谈判，今年 10 月将在上海美美大酒店举行，假如你是企业采购员，你将如何跟供应商进行谈判呢？

▇ 任务分析

采购谈判是采购的重要组成部分，采购部门有必要对采购谈判策略和技巧进行研究和探讨，以提高议价的能力，为连锁企业创造更多的效益。要想成为一名成功的采购谈判人员，必须掌握以下知识：

1）运用采购谈判的基本策略。

2）采购谈判技巧的设计。

3）运用采购谈判的基本技巧。

■相关知识

一、采购谈判的基本策略

1. 避免争论策略

谈判分歧是很正常的事，要绝对防止感情冲动，应始终保持冷静，尽可能避免争论。应该做到以下几个方面。

1）冷静地倾听对方的意见。当对方讲出你不愿意听或对你很不利的话时，不要立即打断或反驳对方，先耐心听完，必要时承认自己某方面的疏忽。

2）婉转地提出不同的意见。不应直接提出自己的否定意见，这样会使对方在心理上产生抵触情绪，反而迫使对方千方百计地维护自己的意见，而应先同意对方的意见，然后再作探索性的提议。

3）谈判无法继续时应马上休会。如果某个问题成了绊脚石，使洽谈无法顺利进行，应在双方对立起来之前，马上休会从而避免僵持和争论。休会的策略为固执型谈判人员提供了请示上级的机会，也可调整双方思绪，以利于问题在心平气和的友好氛围中得以解决。

2. 抛砖引玉策略

在谈判中，一方主动地摆出各种问题，但不提供解决的办法，让对方去解决。这一策略不仅能尊重对方，而且又可摸清对方底细，争取主动。但是，这种策略在两种情况下不适用：①谈判出现分歧时，对方会认为你是故意刁难他；②若对方是一个自私自利、寸利必争的人，就会乘机抓住对他有利的因素，使你方处于被动的地位。

3. 留有余地策略

在实际谈判中，不管你是否留有余地，对方总认为你是留有余地的，所以我们在对方最看重的方面做了让步，可在其他条款上争取最大利益。在两种情况下尤其需要这种策略：一是对付寸利必争的谈判方；二是在不了解对方的情况下。

4. 避实就虚策略

为达到某种目的和需要，有意识地将洽谈的议题引导到相对次要的问题上，转移对方的注意力，以求实现自己的谈判目标。例如，对方最关心的是价格问题，而我方最关心的是交货问题，这时，谈判的焦点不宜直接放到价格和交货时间上，而是放到运输方式上。

5. 保持沉默策略

保持沉默策略是处于被动地位的谈判人员常用的一种策略，是为了给对方造成心理压力，同时也起缓冲作用。但运用不当，易恰得其反。例如，在还价中沉默常被认为是默认；沉默时间太短常意味着你被慑服，而在对方咄咄逼人时，我方适当运用沉默可缩小双方的差距。

温馨提示

在沉默中，行为语言是唯一的反映信号，是对方十分关注的内容，所以应特别加以运用（倒茶等），以达到保持沉默的真正目的。

6. 忍气吞声策略

谈判中占主动地位的一方有时会以一种咄咄逼人的姿态表现自己,这时如果表示反对或不满,对方会更加骄横甚至退出谈判,而对对方的态度不作反映,采取忍耐的策略,则可慢慢消磨对方的棱角,挫其锐气,以柔克刚,反弱为强。

7. 多听少讲策略

多听少讲是忍耐的一种具体表现方式,也就是让对方尽可能多地发言,充分表明他的观点,这样做既表示尊重对方,也可使自己根据对方的要求,确定自己应对对方的具体策略。

知识拓展

卖方为了说明自己产品的优越性滔滔不绝地夸夸其谈,结果让买方觉得是自卖自夸,产生逆反心理。如果让买方先讲,以满足对方需求为前提,再作恰当的介绍,重在说明该产品能给买方带来哪些好处和方便,这样就可大大减少买方的逆反和戒备心理,促成交易。

8. 情感沟通策略

人有七情六欲,满足人的感情和欲望是人的一种基本需求,谈判中利用感情的因素去影响对方不失为一种可取的策略。

9. 先苦后甜策略

如果供应商想要在价格上多些余地,我方可先在包装、运输、交货及付款方式等多方面提出较为苛刻的方案作为交换条件。在讨价还价过程中,再逐步让步,供应商鉴于我方的慷慨表现,往往会同意适当降价,而事实上这些"让步"是我方本来就打算给供应商的。

温馨提示

在先苦后甜策略只有在谈判中处于主动地位的一方才有资格使用。

10. 最后期限策略

处于被动地位的谈判者,总有希望谈判成功达成协议的心理。当谈判双方各持己见、争执不下时,处于主动地位的谈判者就可利用这一心理,提出解决问题的最后期限和解决条件。

温馨提示

只要你处于谈判的主动地位,就不要忘记适时使用该策略,使用该策略时还应注意:①不要激怒对方而要语气委婉、措辞恰当、事出有因;②要给对方一定的时间考虑,让对方感到你不是在强迫他,而是向他提供一个解决问题的方案,并由他自己决定具体时间;③提出最后期限时最好还能对原有条件有所让步,给人安慰。

二、采购谈判技巧的设计

1. 预测方面

1) 对价格的变化未雨绸缪。充分的准备时间让你在谈判时可有较佳的选择,容易采取应对策略。

2）"四个伙伴"理论。谈判桌上有四个"伙伴"与你同在——过去、现在、最近和未来；当一个决策无法同时满足这四个"伙伴"时，必须权衡得失，使损失降至最低。

3）尽早取得供应商的协助。买方应要求供应商予以技术、管理和财务等方面的协助。

4）使用量预测。汇集过去使用量的资料，作为未来订购量的参考，如利用 MRP 电脑系统，同时准备过去及未来的详细采购资料，有助于谈判时得到较大的折扣。

5）掌握特大、重大事件。罢工、天灾、坏天气等方面的特大、重大事件可帮助采购人员更准确地预测合理价格，而在谈判桌上居于优势。这些重大事件除了从报章杂志上收集外，还可从销售人员处得知。

6）注意价格趋势。比较供应商有多少商品项目价格上涨；比较供应商的价格上涨模式与该产业的模式。

2. 学习方面

从所得的信息中学习谈判问题、谈判对象及谈判内容是谈判成功的关键。这种学习分为容易得到的信息与不易得到的信息两部分。

1）容易得到的信息，主要包括谈判方式及商品价格的历史资料；商品与服务的历史资料；供应商的运营状况；谁有权决定价格等。

2）不易得到的信息，主要包括限制供应商谈判能力；了解供应商的利润目标及价格底线；有用的成本、价格资料与分析；估计供应商的采购系统等。

3. 分析方面

利用专业人员进行成本分析，得出议价的底线，找出对付价格上涨的最好对策、对价格及成本进行分析。

4. 谈判方面

1）涨价时让销售人员书面提出。通常书面通知涨价比打电话容易，而面对面时人们对这一话题的通知是最难以启齿的，买方应耐心地等待销售人员提出涨价后的妥协。

2）双重退避。当销售人员报价时，买方应表示惊讶得难以接受，这样才能让对方明白他们无法接受高报价的立场。

3）不要马上谈到正题。不要马上谈到正题，如此买方承受一股无形的压力而变得焦虑，这样对买方的谈判较有利。

4）声东击西。先要求对方给一些不是你真正想要的好处，然后再拿这些来交换你真正想要的。

5）不要轻易给卖方很大的好处。当买方想提供给卖方一定的好处时，最好预留余地以供讨价还价，同时要求买方有所回报。

▌任务实施

一、采购谈判的基本技巧

连锁企业采购谈判技巧的运用可为连锁企业创造更多的利益，谈判技巧使用步骤如图 5-4 所示。

```
┌──────────┐    ┌──────────┐    ┌──────────┐    ┌──────────┐    ┌──────────┐
│ 入题技巧 │───▶│ 阐述技巧 │───▶│ 提问技巧 │───▶│ 答复技巧 │───▶│ 说服技巧 │
└──────────┘    └──────────┘    └──────────┘    └──────────┘    └──────────┘
```

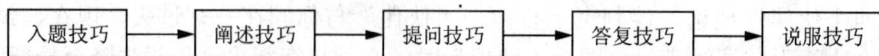

图 5-4　连锁企业采购谈判技巧

二、采购谈判的基本技巧要点

（一）入题技巧

1. 迂回入题

为避免谈判时单刀直入、过于暴露，影响谈判的融洽气氛，谈判时可以采用迂回入题的方法，如先从题外话入题，从介绍己方谈判人员入题，从"自谦"入题，或者从介绍本企业的经营和财务状况入题等。

2. 先谈细节、后谈原则性问题

围绕谈判的主题先从洽谈细节问题入题，条分缕析，丝丝入扣，待各项细节问题谈妥之后，也便自然而然地达成了原则性的协议。

3. 先谈一般原则、再谈细节

一些大型的经贸谈判，由于需要洽谈的问题千头万绪，双方高级谈判人员不应该也不可能介入全部谈判，往往要分成若干等级进行多次谈判，这就需要采取先谈原则问题，再谈细节问题的方法入题。

4. 从具体议题入手

大型谈判总是由具体的一次次谈判组成，在具体的每一次谈判中，双方可以首先确定本次会议的谈判议题，然后从这一议题入手进行洽谈。

（二）阐述技巧

1. 开场阐述

1）开场阐述的要点。具体包括：①开宗明义，明确本次会谈所要解决的主题；②表明我方通过洽谈应当得到的利益；③表明我方的基本立场，可以回顾双方以前合作的成果，说明我方在对方所享有的信誉；也可以展望或预测今后双方合作中可能出现的机遇或障碍；还可以表示我方可采取何种方式共同获得利益做出贡献等；④开场阐述应是原则的，应尽可能简明扼要；⑤开场阐述的目的是让对方明白我方的意图，创造协调的洽谈气氛。

2）对对方开场阐述的反应。具体包括：①认真耐心地倾听对方的开场阐述，归纳并弄懂对方开场阐述的内容，思考和理解对方的关键问题，以免产生误会；②如果对方开场阐述的内容与我方意见差距较大，不要打断对方的阐述，更不要立即与对方争执，而应当先让对方说完，认同对方之后再巧妙地转开话题，从侧面进行谈判。

2. 让对方先谈

在谈判中，当自己对市场态势和产品定价的新情况不太了解，或者当自己尚未确定购买何种产品，或者自己无权直接决定购买与否的时候，自己一定要坚持让对方先说明可提供何种产品，产品的性能如何，产品的价格如何等，然后，自己再审慎地表达意见。有时即使自己对市场态势和产品定价比较了解，有明确的购买意图，而且能直接决定购买与否，也不妨先让对方阐述利益要求、报价和介绍产品，然后你在此基础上提出自己的要求。这种先发制人的方式，常常能收到奇效。

3. 坦诚相见

谈判中应当提倡坦诚相见，不但将对方想知道的情况坦诚相告，而且可以适当透露我方的某些动机和想法。坦诚相见是获得对方同情的好办法，人们往往对坦诚的人自然有好感。但是应当注意，与对方坦诚相见，难免要冒风险。对方可能利用你的坦诚逼你让步，你可能因为坦诚而处于被动地位，因此，坦诚相见是有限度的，并不是将一切和盘托出，总之，以既赢得对方的信赖又不使自己陷于被动、丧失利益为度。

4. 注意使用正确的语言

1）准确易懂。在谈判中，所使用的语言要规范、通俗，使对方容易理解，不致产生误会。

2）简明扼要，具有条理性。由于人们有意识的记忆能力有限，对于大量的信息，在短时间内只能记住有限的、具有特色的内容，所以，我们在谈判中一定要用简明扼要而又有条理性的语言来阐述自己的观点。这样，才能在洽谈中收到事半功倍的效果。

3）第一次要说准。在谈判中，当对方要自己提供资料时，第一次要说准确，不要模棱两可，含混不清。如果对对方要求提供的资料不甚了解，应延迟答复，切忌脱口而出。

4）语言富有弹性。谈判过程中使用的语言，应当丰富、灵活、富有弹性。对于不同的谈判对手，应使用不同的语言。如果对方谈吐优雅，我方用语也应十分讲究，做到出语不凡；如果对方语言朴实无华，那么我方用语也不必过多修饰。

（三）提问技巧

1. 提问的方式

1）封闭式提问。

2）开放式提问：不能直接用"是"或"不是"来回答，包括谁、什么、为什么和什么时候。例如："你为什么那样认为？"

3）婉转式提问。

4）澄清式提问。

5）探索式提问。

6）借助式提问。

7）强迫选择式提问。

8）引导式提问：鼓励对方给出自己所希望的答案。例如："你是不是更喜欢什么什么？"

9）协商式提问。

2. 提问的时机

1）在对方发言完毕时提问。

2）在对方发言停顿、间歇时提问。

3）在自己发言前后提问。

4）在议程规定的辩论时间提问。

3. 提问的其他注意事项

1）注意提问速度。

2）注意对方心境。

3）提问后给对方足够的答复时间。

4）提问时应尽量保持问题的连续性。

（四）答复技巧

答复不是容易的事，回答的每一句话，都会被对方理解为是一种承诺，都负有责任。答复时应注意以下问题：

1）不要彻底答复对方的提问。

2）针对提问者的真实心理答复。

3）不要确切答复对方的提问。

4）降低提问者追问的兴趣。

5）让自己获得充分的思考时间。

6）礼貌地拒绝不值得回答的问题。

7）找借口拖延答复。

（五）说服技巧

1. 说服原则

1）不要只说自己的理由。

2）研究分析对方的心理、需求及特点。

3）消除对方的戒心和成见。

4）不要操之过急、急于奏效。

5）不要一开始就批评对方，不要把自己的意见观点强加给对方。

6）说话用语要朴实亲切，不要过多讲大道理。

7）态度诚恳、平等待人，积极寻求双方的共同点。

8）承认对方"情有可原"，善于激发对方的自尊心；坦率承认如果对方接受你的意见，你也将获得一定利益。

2. 说服具体技巧

1）讨论先易后难。

2）多向对方提出要求、传递信息并影响对方意见。

3）强调一致、淡化差异。

4）先谈好后谈坏。

5）强调合同中有利于对方的条件。

6）待讨论赞成和反对意见后，再提出自己的意见。

7）说服对方时，要精心设计开头和结尾，要给对方留下深刻印象。

8）结论要由自己明确提出，不要让对方揣摩或自行下结论。

9）多次重复某些信息和观点。

10）多了解对方并以对方习惯的能够接受的逻辑方式去说服对方；先做铺垫，循序渐进，不要奢望对方立刻接受自己的要求；强调互惠互利、互相合作的可能性和现实性。激发对方在自身利益认同的基础上来接纳自己的意见。

▌实践体验

【任务】采购谈判策略与技巧的运用。

【目的】通过对案例的阅读和分析，让学生掌握采购谈判策略与技巧的运用。

【要求】6～8 人一组，每组确定一名组长，对案例进行分析。

【案例】1992 年上海甲公司引进外墙防水涂料生产技术，日本乙公司与中国香港丙公司报价分别为 22 万美元和 18 万美元。经调查了解，两家公司技术与服务条件大致相当，甲公司有意与丙公司成交。在终局谈判中，甲公司安排总经理与总工程师同乙公司谈判，而全权委托技术科长与丙公司谈判。丙公司得知此消息后，主动降价至 10 万美元与甲公司签约。

通过阅读以上案例，回答问题：

1．如何评论甲公司安排谈判人员的做法？

2．如何评论丙公司大幅度降价的做法？

项 目 小 结

采购谈判是指连锁企业为采购商品与供应商对购销业务有关事项。采购谈判有合作性与竞争性、原则性和可调整性、经济利益中心性等特点。连锁企业采购人员同供应商进行谈判的依据是连锁企业制订的商品采购计划、商品促销计划及供应商文件。采购谈判方案是指导谈判人员行动的纲领，主要包括谈判目标、谈判策略、谈判议程及谈判人员的分工职责等内容。连锁企业采购谈判过程中的具体原则依据谈判前、谈判中和谈判后 3 个阶段而灵活掌握。连锁企业采购谈判的基本策略包括避免争论策略、抛砖引玉策略、留有余地策略、避实就虚策略、保持沉默策略、忍气吞声策略、多听少讲策略、情感沟通策略、先苦后甜策略等。连锁企业采购谈判的基本技巧包括入题技巧、阐述技巧、提问技巧、答复技巧和说服技巧。

思 考 练 习

一、单项选择题

1．谈判是（　　）的过程。

A．追求自身利益要求

B．追求双方利益要求

C．双方不断调整自身需要，最终达成一致

D．双方为维护自身利益而进行的智力较量

2．判定谈判成功与否的价值谈判标准是（　　）。

A．目标实现标准、成本优化标准、人际关系标准

B．利益满足标准、最高利润标准、人际关系标准

C. 目标实现标准、共同利益标准、冲突和合作统一标准

D. 实现目标标准、最大利益标准、人际关系标准

3. 在谈判中，身份高的人会见身份低的人称为（　　　）。

A. 接见　　　　　　　B. 拜会　　　　　　　C. 会见　　　　　　　D. 拜访

4. 下列选项中，（　　　）是讨价技巧。

A. 积少成多　　　　　B. 最大预算　　　　　C. 以理服人　　　　　D. 善于提问

二、多项选择题

1. 采购谈判的特点有（　　　）。

A. 合作性与竞争性　　B. 原则性和可调整性　C. 经济利益中心性　　D. 个人利益

2. 谈判目标有（　　　）四个层次。

A. 最优期望目标　　　B. 实际需求目标　　　C. 可接受目标　　　　D. 最低目标

3. 采购谈判的策略有（　　　）。

A. 避免争论策略　　　　　　　　　　　　　B. 忍气吞声策略

C. 抛砖引玉策略　　　　　　　　　　　　　D. 保持沉默策略

4. 采购谈判时容易得到的信息有（　　　）。

A. 商品价格的历史资料　　　　　　　　　　B. 供应商的运营状况

C. 商品与服务的历史资料　　　　　　　　　D. 供应商的采购系统

三、判断题

1. 谈判开局阶段的主要任务是确定成交价格。　　　　　　　　　　　　　　（　　　）

2. 谈判人员的注意力，在结束阶段处于最低水平。　　　　　　　　　　　　（　　　）

3. 质量条款是产生僵局频率最高的谈判主题。　　　　　　　　　　　　　　（　　　）

4. 对于谈判中的纯风险，应采取完全回避风险策略。　　　　　　　　　　　（　　　）

5. 对于权力型的谈判对手，不可以主动进攻。　　　　　　　　　　　　　　（　　　）

四、简答题

1. 什么是采购谈判？采购谈判有哪些特点？

2. 简述采购谈判的入题技巧。

3. 采购谈判有哪些内容？

4. 简要说明连锁企业采购谈判的实施过程。

五、案例分析题

美国一位著名谈判专家有一次替他的邻居与保险公司交涉赔偿事宜。谈判是在专家的客厅里进行的，理赔员发表了意见："先生，我知道你是交涉专家，一向都是针对巨额款项谈判，恐怕我无法承受你的要价。我们公司若是只出 100 元的赔偿金，你觉得如何？"

专家表情严肃地沉默着。根据以往经验，不论对方提出的条件如何，都应表现出不满意，因为当对方提出第一个条件后，总是暗示着可以提出第二个，甚至第三个。

理赔员果然沉不住气了，"抱歉，请勿介意我刚才的建议，我再加一点，200 元如何？"

"加一点？抱歉，我无法接受。"

理赔员继续说："好吧，那么 300 元如何？"

专家等了一会儿道："300？嗯……我不知道。"

理赔员显得有点惊慌，他说："好吧，400 元。"

"400？嗯……我不知道。"

"就赔 500 元吧！"

"500？嗯……我不知道。"

"这样吧，600 元。"

专家无疑又用了"嗯……我不知道"，最后这件理赔案终于在 950 元的条件下达成协议，而邻居原来只希望要 300 元。这位专家事后认为，"嗯……我不知道"这样的回答真是效力无穷。

通过阅读以上案例，请思考：

1. 以上案例运用了什么谈判技巧？在实际中还有哪些谈判技巧？

2. 在案例中多次用到"我不知道"这几个字，请问是真的不知道吗？为什么？

项　目　实　训

【任务】根据指定的商品和买卖交易要求，模拟进行现场谈判。

【目的】通过模拟训练，使学生掌握采购谈判的技巧。

【方法与步骤】

1）教师讲解实训要求和内容。

2）进行分组。

3）各小组进行谈判准备。

4）学生进行现场采购谈判模拟。

5）教师点评，进行小结。

项目 6 连锁企业采购合同管理

【项目导航】

在现代连锁企业整个采购流程中，最重要的采购文件之一就是采购合同，它作为买卖双方执行采购活动的基本依据，是具有法律效力的契约文件。疏而不漏的采购合同可以大大降低连锁企业的经营风险，给企业创造巨大的发展空间。因此，加强并重视采购合同管理对整个连锁企业正常运转起着举足轻重的作用。采购合同管理作为现代采购管理的重要组成部分，主要涵盖了采购合同签订管理和执行管理等内容。

本项目主要学习采购合同认知、采购合同签订及采购合同跟踪的基本知识，训练拟制采购合同及处理争议的基本技能，如图 6-1 所示。

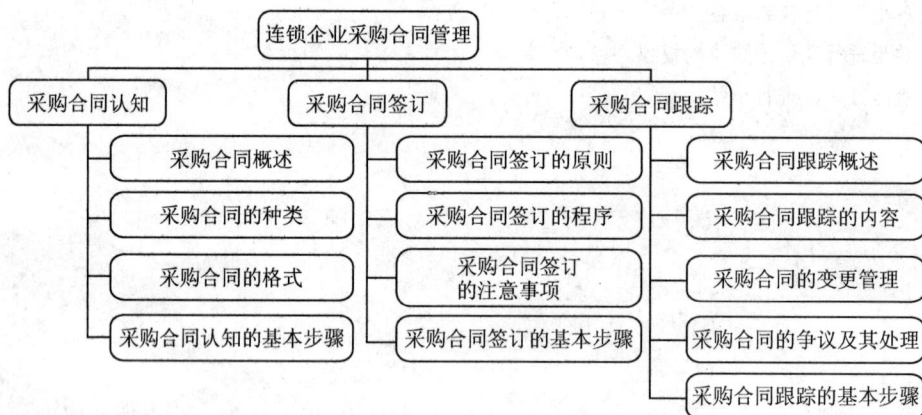

图 6-1　连锁企业采购合同管理

学习目标

知识目标	能力目标	情感目标
1. 熟悉采购合同的内容及格式 2. 明确采购合同签订的流程 3. 了解采购合同跟踪的内容 4. 掌握采购合同争议的处理方法	1. 拟订完整的采购合同 2. 把握采购合同签订的原则 3. 灵活解决采购合同争议	1. 法律意识 2. 恪尽职守 3. 严谨认真 4. 信守合同

任务 1　采购合同认知

任务描述

小李刚到某连锁超市任采购员一职，领导就安排他参与一起大宗物料采购的谈判活动，并让他协助采购主管草拟一份采购合同文本。他知道，采购合同的条文复杂，语言严密，内容具体，制作起来有一定的难度。所以，为了能制作一份内容完整、疏而不漏的采购合同，他就通宵达旦地恶补采购合同的相关知识。若你作为连锁企业优秀的采购主管，请对这个经验不足的采购新手指点迷津。

任务分析

充分的准备是成功的一半。采购员应知晓采购合同的主要条款与内容，才有可能不辱使命。因此，为圆满完成此次任务小李应该具备以下知识和技能：

1）明确采购合同的作用。

2）了解采购合同的种类。

3）掌握采购合同的格式。

4）熟知采购合同的主要条款。

▌相关知识

一、采购合同概述

（一）采购合同的含义

采购合同是采购方和供应商在采购谈判达成一致的基础上，双方就交易条件、权利义务关系等内容签订的具有法律效力的文件，是双方执行采购业务活动的基本依据。采购合同是采购关系的法律形式，对于确立规范有效的采购活动、明确采购双方的权利义务关系具有重大意义。

采购合同具有以下主要特征。

1. 采购合同是转移标的物所有权或经营权的合同

采购合同的基本内容是出卖方向买受方转移合同标的物的所有权或经营权，买方向卖方支付货款，因此这就必然导致标的物所有权或经营权的转移。

2. 标的物是商品或服务

采购合同可以有形商品为标的物，也可以无形商品为标的物。

3. 主体比较广泛

从采购实践看，生产企业、流通企业、社会组织及具有法律资格的自然人都可以是采购合同的主体。

（二）采购合同的作用

采购合同清楚记载交易双方的权利与义务，避免"口说无凭"。采购合同的作用主要如下。

1. 可确定交易双方应履行的事项

买卖行为若仅凭当事人的口头约定，则缺乏具体的凭据。一项采购行为的交易条件繁杂且完成交易期限较长时，如果无书面的合同为证，则交易双方对于彼此应履行的事项，可能发生认知上的偏差，因此，必须订立书面采购合同，以确定双方的权利与义务。

2. 可作为解决买卖纠纷的依据

采购合同中会明确规定买卖双方的权利与义务及发生纠纷时的解决方法，所以一旦交易不能依规定进行时，就可根据采购合同，迅速采取补救措施。

3. 可作为法律上的书面凭证

交易行为发生纠纷，而交易双方未能协商解决，必须诉诸法律时，除非采购合同的内容违法外，采购合同将优先被法院采纳为证明文件。

二、采购合同的种类

一般买卖交易所制定的采购合同，大都视采购商品的性质及其方式而订立不同的条款，因而采购合同的类型也有多种。通常采购合同按不同的标准可分成不同的种类，如表 6-1 所示。

表 6-1　采购合同的种类

分类标准	种　类	说　明
以交货时间分	定期合同	整批订货而一次交货，多用于订货量较少或为配合使用时用
	定期分批交货合同	一次订货而分批交货，这类合同是为配合供应商的产能安排不受影响而使用，或为避免存货过多，多用于采购量大，在配合使用的原则下而经双方协议签订的
	长期供应合同	对于经常需要的物料，选择合适的供应商，双方协议签订长期供应合同
以买卖价格分	固定价格合同	以买卖双方商洽协议时的价格作为交货后付款的依据。除合同另有规定以外，不得以任何理由而变更价格
	浮动价格合同	以协议当时的各项成本因素、市价作为基准价格，而于交货结算货款时，再依结算时的市价与基准价格比较涨跌的比率而予以调整。一般金额较大或交货期较长的物料采购或工程计价，大多采用这种方式订约
以销售方式分	经销合同	这类合同多以生产或供应货物的厂商要求条件而成立
	承揽合同	多为业务推广性质，立于媒介的地位来促进双方的交易，从中取得佣金
	代理合同	大多仅为代理报价签约，不设立门市并且不与买方直接发生交易行为，仅做服务性工作而促成买卖双方交易，其佣金依约定由买方或者卖方支付

三、采购合同的格式

一份采购合同应该内容完整、叙述具体，否则容易产生法律纠纷。通常采购合同没有统一固定的标准格式，通常由首部、正文与尾部三大部分构成。

1. 首部

采购合同首部主要包括以下内容。

1）合同的名称。

2）合同编号。

3）合同双方名称。法人要求写明其名称和地址，自然人应写明姓名和住所。

4）签订时间及地点。

5）合同序言。

通过合同首部能清楚交易目的、交易对象、交易地点及交易时间等信息，便于进行采购合同管理。

2. 正文

采购合同正文主要包括以下内容。

1）数量条款。该条款主要包括交货数量、交货单位及计量方式，必要时还应清楚地说明误差范围。

2）价格条款。该条款主要包括结算币种、单价、总价及贸易术语。

3）品质条款。该条款主要包括技术规范、质量标准、规格及品牌名称等。

知 识 拓 展

　　一般有 3 种表达品质标准的方法：①用图纸或技术文件来界定采购品的质量标准；②用国际标准、国家标准或行业标准界定采购品的质量标准；③用样品来界定采购品的质量标准。

4）支付条款。该条款主要包括付款方式、支付时间及支付地点等。

5）包装条款。该条款主要包括包装材料、包装方式、包装费用和运输标志及包装物的处理等。

6）检验条款。该条款主要包括检验时间、检验机构、检验工具、检验标准及方法等。

7）装运条款。该条款主要包括运输方式、装运时间、装运地与目的地、装运方式及装运通知等。

8）仲裁条款。该条款主要包括适用的仲裁程序、仲裁地点、裁决效力及仲裁机构等内容。

9）保险条款。该条款主要包括确定保险类别、保险金额，指明投保人并支付保险费。

10）违约责任。签约一方不履行合同，违约方应负物质责任，赔偿对方遭受的损失。

11）不可抗力。该条款主要包括不可抗力的含义、适用范围、法律后果及双方的权利义务等。

知 识 拓 展

　　不可抗力指在合同执行过程中发生的、不能预测的、人力难以控制的意外事故，如战争、洪水、地震等，致使合同执行被迫中断，遭遇不可抗力的一方可因此免除合同责任。

除上述条款之外，采购合同应视实际情况，增加若干具体的补充规定，使签订的合同更切实际。

3. 尾部

采购合同尾部主要包括以下内容。

1）合同的份数及生效日期。

2）使用语言与效力。

3）附件。

4）双方签字盖章。

了解合同尾部内容，能清楚履行合同的起始时间，法定代表人签字及盖章是合同生效的必备要件之一。

■ 任务实施

一、采购合同认知的基本步骤

采购合同认知的基本步骤如图 6-2 所示。

图 6-2　采购合同认知的基本步骤

二、采购合同认知的要点与技巧

1. 明确认知目标

在进行采购合同认知之前，应首先明确认知所要达到的目标，即通过认知可能得到哪些资讯，掌握哪些认知技巧，把握哪些焦点和细节，从而更好地理解和熟知采购合同及合同中的复杂条文。

2. 选取合同范本

采购合同没有统一的标准格式，通常要视采购本身的性质与类别而确定，即任何合同都是由双方当事人共同协商而定的。因此，结合采购商品的特点，选取一份条款具体、内容详细而又完整的采购合同范本，作为认知的模板。

3. 确定认知重点

采购合同条款作为采购双方权利和义务的主要载体，是对合同正文的具体细化。因此，采购合同的正文部分是采购合同认知的重点，而这其中，数量条款、质量条款及价格条款等更是采购合同认知的"重中之重"。只有把握认知重点，才能高效完成采购合同的认知活动，从而才有可能达到事半功倍的效果。

4. 分块认知合同

采购合同在买卖交易上是关系双方权益的重要一环，必须深入认知研究。围绕采购合同的关键模块进行分解阐述，并对采购合同核心内容进行纵深挖掘，既能总览合同的全貌，又能抓住合同的核心与关键，这对于我们全面认知采购合同非常必要。采购合同中的关键事项：①质量条款。应确定符合合同用途的质量标准，且该标准是存在的而且可以衡量的。②价格条款。确定价格时，原则上遵守国家的有关价格政策。但在国家和地方没有规定统一价格的情况下，供销双方可以协商决定合理的价格。③数量条款。注意货品的数量是采用毛重还是净重，如数量出现溢短，应有适当的解决方法。④支付条款。对于长期合同，付款与明确的交付绩效紧密地联系在一起，以便激励供应商完成工作。

5. 总结认知心得

合同认知结束后，应及时进行认知总结，提炼并归纳合同认知时应注意的要点，为今后拟制采购合同并有效规避合同风险奠定基础。

6. 尝试拟制合同

"纸上谈兵"也许人人都会，但能否"学以致用"，就需要我们多多实践。通常情况下，多数常用的合同都是由以前使用过的合同进行修改以适应当前的情况而得到的，这样就实现了拟制合同花费的时间和精力最小化的目标。尝试拟制采购合同时要注意合同语言的严密性。

知 识 拓 展

商品采购合同

供货单位（甲方）：　　　　　　购货单位（乙方）：　　　　　　（合同首部）

合同编号：　　　　　　　　　　签订地点：

经充分协商，签订本合同，共同信守。

（合同正文）

第一条　商品名称、规格、数量、价格

品名	规格型号	单位	数量	单价	牌号	金额
共计人民币（大写）：						

第二条　商品的技术标准（包括质量要求），按下列第_____项执行。

1. 按国家标准执行。

2. 按部颁标准执行。

3. 按双方商定的技术要求执行。

第三条　包装标准、包装物的供应与回收

1. 合同商品的包装，按乙方企业技术规定执行：_____。

2. 合同商品的包装物，由甲方负责供应；包装费用，由甲方负担。乙方负责甲方要求回收的包装物的保护并统一地点存放。甲方应在七日内将包装物运走，否则，对包装物的任何问题乙方概不负责。

第四条　结算方式

货款结算方式为：每月二十五日前结清截至上月二十五日检验合格的合同商品的货款，扣除____%的货款作为质量保证金，甲方根据余额开具发票，乙方以三个月承兑汇票的方式支付货款。

第五条　交货方式

甲方应按乙方采购通知单准时以汽车运输方式送货至乙方指定地点，由乙方派员点收检验合格后，开具收货单，运费由甲方负担。所送合同商品必须做到包装完整、标志明确。

第六条　商品检验

乙方自合同商品入库之日起七个工作日内完成验收，验收标准与手段按本合同第二条的规定执行。双方如对质量问题产生争议的，按乙方所在地质量监督检察机关检测结果为准。

第七条　违约责任

1. 甲方交付的商品质量与约定不符的，乙方同意收货的，双方应当按质重新约定价格。乙方不同意收货的，甲方应当更换。甲方不能更换的，应退还乙方支付的预付款。

2. 甲方交付产品的规格与约定不符的，应当负责调换；数量与约定不符的，对于多出的部分，乙方可以选择按价接收或者退还甲方，对于缺少的部分，甲方负责补齐或减少价款。

3. 乙方迟延付款的，每迟延一日，按迟延给付部分的万分之四支付违约金。

第八条　当事人一方因不可抗力不能履行合同时，应当及时通知对方，经双方协商或合同管理机关查实证明，可免予承担经济责任。

第九条　本合同在执行中发生纠纷，合同双方不能协商解决时，双方同意向乙方所在地人民法院提出诉讼。

本合同未尽事宜，按双方协商处理。本合同及附件一式六份，甲乙双方各执正本一份，副本四份由双方主管部门和工商行政管理局各一份。本合同有效期自＿＿＿年＿＿＿月＿＿＿日起至＿＿＿年＿＿＿月＿＿＿日止。

甲方单位名称（盖章）：＿＿＿＿＿＿＿＿＿＿＿　乙方单位名称（盖章）：＿＿＿＿＿＿＿＿＿＿＿

甲方签约代表（签字）：＿＿＿＿＿＿＿＿＿＿＿　乙方签约代表（签字）：＿＿＿＿＿＿＿＿＿＿＿

开户银行：＿＿＿＿＿＿＿＿＿＿＿＿＿＿＿＿　开户银行：＿＿＿＿＿＿＿＿＿＿＿＿＿＿＿

账号：＿＿＿＿＿＿＿＿＿＿＿＿＿＿＿＿＿＿　账号：＿＿＿＿＿＿＿＿＿＿＿＿＿＿＿＿＿

＿＿＿＿年＿＿＿月＿＿＿日　　　　　　　　＿＿＿＿年＿＿＿月＿＿＿日

合同尾部

■ 实践体验

【任务】对某企业采购员所拟订的采购合同进行考核。

【目的】熟悉采购合同的各项内容。

【要求】实地考察某家电连锁企业，4～6人一组，每组确定一名组长，对该企业采购员所拟制的某物资采购合同进行评价，并填写采购合同拟制情况调查表，如表6-2所示。

表6-2　采购合同拟订情况考核表

考 核 项 目	评 价	
拟订合同时的概念是否有歧义	是	否
拟订合同时的叙述是否自相矛盾	是	否
拟订合同时的叙述是否有疏漏、差错	是	否
拟订合同时是否明确规定合同双方的义务与权利	是	否
拟订合同时主要交易条款是否订得明确和对等	是	否
拟订合同时是否对合同期限作出规定	是	否

任务 2　采购合同签订

▌ 任务描述

采购员小王和小刘与供应商就采购的相关事宜经过千辛万苦地谈判后，初步达成了一致意见，接下来的工作就是会同供应商签订正式的采购合同。他们明白，采购合同对采购双方均有法律约束力，如果这一环节稍有差错或闪失，就会给以后的合同履行留下引起纠纷的隐患，甚至于会给交易造成无法弥补的损失。那么，签订采购合同时应注意哪些问题呢？

▌ 任务分析

签订合同不是采购活动的目的，但合同的签订可以确保采购活动顺利进行，犹如让签约双方吃了"定心丸"。但采购合同签订过程中，稍有不慎就不能达到谈判的预期目标。为了规避潜在风险，作为采购员的小王和小李应该具备以下知识和技能：

1）把握采购合同签订的原则。

2）重视采购合同签订的审核。

3）明确采购合同签订的注意事项。

4）熟知采购合同签订的基本步骤。

▌ 相关知识

一、采购合同签订的原则

采购人员签订合同时，要确保合同的有效性，应把握的原则如下：

1）签订采购合同的供应商必须具备法人资格。

2）采购合同必须合法。

3）签订采购合同必须坚持平等互利、充分协商的原则。

4）当事人应当以自己的名义签订经济合同。

5）采购合同应当采用书面形式。

二、采购合同签订的程序

1. 订约提议

订约提议又称要约，是当事人一方向对方提出订立合同的要求或建议。订约提议应提出订立合同所必须具备的主要条款和希望对方答复的期限等，提议人在答复期内不得拒绝承诺。

2. 接受提议

接受提议又称承诺，是提议被对方接受，双方对合同的主要内容表示同意，经双方签署书面契约，合同即可成立。承诺不能附带任何条件，否则认为是拒绝要约而提出新的要约。实践中签订合同的双方当事人，就合同的内容反复协商的过程，就是要约→新的要约→再要约→……直到承诺的过程。

3. 填写合同文本

填写合同文本时要注意以下内容。

1) 货物品种名称。货物品种名称一定要写全，不要写简称。

2) 数量。货物不同规格要分开写，必要时标注大写。

3) 价格。

4) 交货方式。自提、送货要求注明，送货地点、送货时间要写清。

4. 履行签约手续

双方要按照合同文本的规定事项，履行相关的签约手续。具体的手续，也可由双方协商而定。

温 馨 提 示

签订的合同如果为多页，双方除了在末页签字盖章外，最好是双方加盖骑缝章，以免影响其他页内容的真实性，避免发生纠纷。

5. 报请签约机关签证或报请公证机关公证

有的经济合同，法律规定还应获得主管部门的批准或工商行政部门的签证。对没有法律规定必须签证的合同，双方可以协商决定是否签证或公证。

三、采购合同签订的注意事项

采购人员在签订采购合同时应注意以下事项。

1. 争取草拟采购合同

草拟合同时要把握草拟一方的优势。草拟合同的一方有巨大的优势，因为一方起草合同，会想起口头谈判时没有想到的一些问题。如果是采购方草拟合同，采购方可以拟定对自己有利的条款。

2. 仔细阅读文本

签订合同以前，必须从头到尾阅读文本，防止对方对合同做了一些变动。应当注意的是，不得随意或者解除合同，除非有不得已的前提条件。

▌ 任务实施

一、采购合同签订的基本步骤

签订采购合同一般需要经过以下环节和步骤，如图 6-3 所示。

制作合同 → 审核合同 → 签订合同 → 执行合同

图 6-3　采购合同签订的基本步骤

二、采购合同签订的要点与技巧

（一）制作合同

一般情况下，企业都有供应商认可的固定标准的合同格式，供需双方只需要在标准合同中填写采购物品的名称、数量、单位、单价等参数及一些特殊说明后即完成合同制作。拥有采购信息管理系统的企业，也可以直接在信息系统中生成订单合同。

（二）审核合同

为使采购活动顺畅进行，企业应对采购合同进行审核。具体而言，在合同签订过程中必须仔细审核以下项目。

1. 审核合同主体的资格

审查的内容包括对方的基本情况、履约能力和签约人的资格，如表 6-3 所示。

表 6-3 合同主体资格审查的内容

审 查 内 容	说 明
对方的基本情况	对方当事人为自然人，审查主要针对当事人是否具有完全民事行为能力；对方当事人为法人，需要审查"企业法人营业执照"
履约能力	审查当事人的经营状况、注册资产和净资产、法定地址及公司账号等
签约人的资格	审查签约人法定代表人资格或公章的法律效力

2. 审核合同的内容

审核合同的内容主要是对采购合同条款的合法性与严密性进行审核，具体包括：①审核采购合同标的物是否明确，内容是否合法，是否符合国家有关政策法规；②审核采购合同的各种数量标准，控制采购合同供货数量与期限，减少库存量和资金占用额；③明确双方的违约责任，提高采购合同的约束力和严肃性，以保证合同履约率；④审核双方权利和义务关系的对等性，如质量标准、技术条件、技术要求及验收方法等；⑤审核双方意思表达是否准确，有无理解上的偏差，合同中有无含糊不清、模棱两可的措辞。

（三）签订并执行合同

双方负责人在经过审查的合同中签名、盖章，先签约的一方应督促另一方及时签约确认。在签订重大合同时，最好是双方当面签订，以免另一方采用欺骗的手段签订假合同。另外，代表企业完成交易的签约人必须经过合法的授权，否则签订的采购合同无效。

温 馨 提 示

签订合同往往涉及法律，而法律比较复杂，具有极强的专业性和技术性。所以，合同最好请律师拟订或审查修改，以防因存在漏洞而导致风险。

合同的生成要经过合同的制作、审查及签订过程，合同一旦正式签订，将成为约束双方的法律文件，双方将各自履行自己的权利与义务。相应的采购活动也将进入合同执行阶段。

■ 实践体验

【任务】对某小型连锁超市采购合同的签订流程进行调查。

【目的】通过调查训练，使学生能熟悉合同签订的程序并明确签约各环节的操作要点。

【要求】4～6 人一组，每组确定一名组长，对该超市采购合同签订原则的把握情况、合同文本的制作情况、采购合同的审核情况、规避合同风险方法的运用情况及采购合同签订情况等方面进行实地调查，根据调查结果，填写采购合同签订流程调查表，如表 6-4 所示。

表 6-4　采购合同签订流程调查表

调 查 内 容	具 体 描 述

任务 3　采购合同跟踪

■ 任务描述

供应商不能保质、保量、准时供货的现象在某连锁企业经营过程中时有发生，虽然该企业按照合同的相关条款追究了对方的责任，并获得相应的赔偿，但是这也对企业正常经营运转造成了困扰。企业领导责成小李找出问题的症结所在。经过深入调查后发现，原来该企业的采购人员在与供应商签订采购合同之后，便"高枕无忧"地等着对方送货上门。如此以来，还奢言什么"如期交货"或"品质保障"呢？请大家和小李一起分析该连锁企业问题出在哪里？

■ 任务分析

该连锁企业缺乏采购合同跟踪意识，是造成这种情况出现的原因所在。采购合同跟踪是采购合同管理的重要内容，它可以有效促进采购合同的正常执行，进而满足企业的采购需求。因此，通过采购合同跟踪，可以提早发现履约过程中的不确定及不安全因素，从而保证采购活动在合同的规范下顺利进行。企业要确保合同的正常执行并最大限度地维护自身权益，应从以下 5 个方面着手：

1）明确采购合同跟踪的目的。

2）掌握采购合同跟踪的内容。

3）明确采购合同的终止原因。

4）掌握采购合同争议及其处理方法。

5）制订采购合同跟踪的步骤。

■ 相关知识

一、采购合同跟踪概述

（一）采购合同跟踪的含义

采购合同跟踪是签订合同的采购人员应对合同执行的全过程进行跟踪检查和监控，以保证合同的正常履行。采购合同跟踪是采购人员的重要职责。

（二）采购合同跟踪的作用

采购合同签订之后，通过对合同执行的跟踪，掌握采购合同执行的动态，以确定货物是否能够得到供应，同时也能够在合同执行中出现异常的情况下做出相应的调整，从而保证企业相应的经营活动顺利进行。合同跟踪有利于促进合同正常执行、满足企业的物料需求、保持合理的库存水平，从而利于企业处理合同、需求及库存三者之间的关系。同时，通过采购合同跟踪，能够及时发现采购合同执行过程中发生的各种纠纷并核对事实，根据有关规定分析研究，提出处理意见和措施，及时处理合同纠纷，维护采购合同的严肃性。

二、采购合同跟踪的内容

（一）采购合同执行前的跟踪

当采购合同制定之后，供应商是否接受订单，是否及时签订等都是采购人员要及时了解的情况。在采购环境里，同一物料有几家供应商可供选择是十分正常的情况，独家供应的情况是很个别的。虽然每个供应商都有分配比例，但是在具体操作时还可能会遇到供应商因各种原因拒绝的情况。由于时间的变化，供应商可能要提出改变"认证合同条款"，包括价格和质量等。作为采购人员应充分与供应商进行沟通，评估与选择供应商，确认本次采购的供应商能否按时履行合同。

（二）采购合同执行中的跟踪

在采购合同执行过程中，常常会出现许多不确定因素，导致供应方或需求方不得不变更采购合同，但是与供应商签订的合同具有法律效力，采购人员应全力跟踪，合同确实需要变更时要征得供应商的同意，不可一意孤行。合同跟踪要把握以下事项。

1. 严密跟踪供应商物料准备过程

为保证供应商有效、及时、保质、保量地完成供货，应对其进行实时跟踪，必要时可进行实地考察。如果发现问题要及时反馈，需要中途变更的要立即解决，不能在这方面耽误时间。不同种类的物料，其准备过程也不同，总体上可以分为两类：一类是供应商需要按照样品或图纸定制的物料，存在加工过程，周期比较长，出现问题几率大；另一类是供应商有库存，不存在加工过程，周期也相对较短，不容易出现问题。在这种情况下，前者跟踪的过程就比较复杂，后者相对比较简单。

2. 紧密响应生产需求形式

如果因市场生产需求紧急，要求本批采购物立即到货，采购员就应该马上与供应商进行协调，必要时还应该帮助供应商解决疑难问题，保证需求物料的准时供应。有时市场需求出现滞销，企业经过研究决定延缓或取消本次物料供应的，采购人员也应该立即与供应商进行沟通，确认可以承受的延缓时间，或者终止本次操作，同时也应给供应商相应的赔款。

3. 配合物料库存

库存水平在某种程度上体现了采购人员的水平。既不能让生产经营缺料，又要保持最低的库存水平，这确实是一个非常具有挑战性的问题。

4. 控制物料验收

监督采购人员按合同对到货物料的数量、质量及单价等项目进行确认。物料到达采购合同规定的交货地点，对国内供应商一般是指到达企业仓库，对境外供应商一般是指到达企业的国际物流中运转中心。

（三）采购合同执行后的跟踪

采购合同执行后的跟踪重点在于以下几方面。

1）监控付款。协助财务人员按合同规定支付货款，提高企业的信誉。

2）监控物料的使用情况。物料使用过程中发现不合格品，与供应商及时协商解决。

3）合同期限预警。采购合同期内对供应商的表现做综合评估，决定是否继续合作。

三、采购合同的变更管理

采购合同的变更管理包括采购合同的修改及终止管理。

（一）采购合同的修改

通常情况下，采购合同一旦签订应要严格执行，不再变更。但为了维护双方利益，在不损害双方利益的前提下，经供需双方一致同意，共同完成合同的修改。

下列情况下，双方可协商修改采购合同条款。

1）原始资料错误经供需双方确认，如物料规格、设计变更等。

2）制造条件改变导致供应商无法履约。此时，买方可协助供应商适当修改原合同后，继续履约。

3）成本计价发生变化，导致履行期限的变更，此时双方可修订总成本或修改售价。

知 识 拓 展

固定价格合同，其价格以不再改变为原则，但有下述情形时可协议修改：因生产材料的暴跌致使卖方获取暴利时，可协议修订价格；因生产材料的暴涨致使买方履约困难，解约重购对买卖双方不利时，可协议修订价格。

（二）采购合同的终止

为维护交易双方的权益，采购合同内订有终止合同的条款，以便在必要时终止合同的全部或部分。

1. 采购合同终止的原因

采购方可要求终止合同的原因如下：

1）发现供应商报价不实。

2）有证据证明供应商有图谋暴利的行为。

3）合同履行期间，发现供应商在产品质量等方面有严重缺陷，经改善后仍不能履约。

4）发现双方经办人员有重大违法行为而经查证属实。

此外，在履约期间，因受不可抗力的影响，供应商丧失履约能力，买卖双方均可要求终止合同。

2. 合同终止的赔偿责任

合同终止的赔偿责任具体如下所述。

1）因需要变更而由买方要求终止合同的，卖方因而遭受的损失，由买方负责赔偿。

2）卖方不能履约，如果属于不可抗力因素所引起的，买卖双方都不负赔偿责任。但如果卖方不能履约是属于人为因素，买方的损失由卖方负责赔偿。

3）因特殊原因而导致合同终止的，买卖双方应负何种程度的赔偿责任，除合同中另有规定而依其规定外，应同有关单位及签约双方共同协议解决，如无法达成协议时则可采取法律途径解决。

4）如果在交货期中终止合同时，除合同另有规定以外，合同的终止需经买卖双方协议同意后才可，否则可视实际责任要求对方负责赔偿。

四、采购合同的争议及其处理

（一）采购合同的争议

采购合同争议是指交易一方认为另一方未能全部或部分履行合同规定的责任与义务所引起的纠纷。采购活动中争议的原因主要有以下 3 种情况：

1）卖方违约，如拒不交货，未按合同规定的时间、品质、数量、包装交货及货物与单证不符。

2）买方违约，如未按合同规定时间付清货款，或未按合同规定的时间、地点组织提货、验收等。

3）采购合同规定不明确、不具体，以致买卖双方对合同条款理解或解释不一致。

（二）采购合同争议的处理

针对采购合同执行过程中产生的争议，可以采取以下方法予以处理：

1）协商：合同双方在友好的基础上，通过协商的形式解决争议。

2）调解：如果合同双方不能协商一致，可要求有关机构调解，如合同管理机关、仲裁机构等。

3）仲裁：如果合同双方不能协商一致，也不愿意调解，可根据合同中规定的仲裁条款或双方在纠纷发生后达成的仲裁协议，向仲裁机构申请仲裁。

4）诉讼：如果合同中没有订立仲裁条款，事后也没有达成仲裁协议，合同双方可向法院诉讼，通过司法解决。

▌任务实施

一、采购合同跟踪的基本步骤

采购合同跟踪的基本步骤如图 6-4 所示。

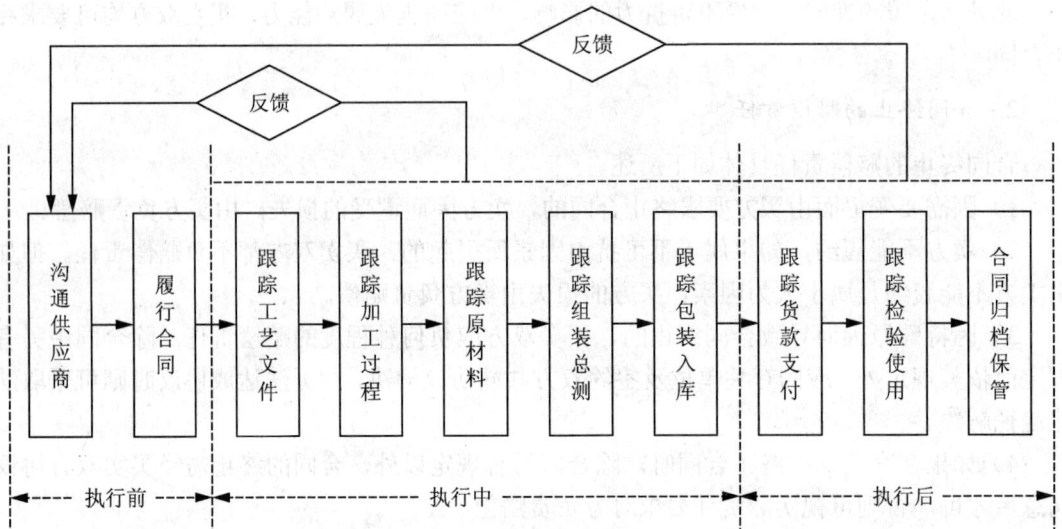

图 6-4　采购合同跟踪的基本步骤

二、采购合同跟踪的要点与技巧

在供应商执行采购合同的过程中,为确保采购质量,采购人员应对执行全过程进行跟踪。

1. 与供应商沟通

为确保采购订单按时、按量、保质地完成,采购人员在合同执行前应充分与供应商进行有效的信息交流和沟通,从而才可能获得符合企业质量和数量要求的产品与服务。

2. 履行合同

采购合同生效后,供需双方应按照合同约定的质量、价格、数量、包装、期限和地点等内容履行合同,采购人员应全力做好合同执行的跟踪。

3. 跟踪工艺文件

工艺文件是进行加工生产的第一步,对任何需要供应商加工的物料采购,都应对其工艺文件进行跟踪,确保供应商的工艺文件没有质量标准、交货期等问题。如果发现问题,应及时提醒供应商进行修改并提醒其如果不能保质、保量、准时供货,则须按照合同条款进行赔偿。

4. 跟踪加工过程

不同物料的加工过程不同,为了确保交货期和质量,采购人员需对加工过程进行跟踪。有些物料的采购,如一次性、大开支的项目采购、设备采购等,其加工过程的跟踪需要采购人员直接参加。

5. 跟踪原材料

查看原材料是否按合同的要求保质、保量地备齐,且是否按合同规定的时间备齐。

6. 跟踪组装总测

对物料的组装进程进行跟踪并进行检测,是产品生产的重要环节。完成这一环节,采购人员会对交货期有一个结论性答案。

7. 跟踪包装入库

跟踪包装入库是跟踪环节的最后一步。采购人员可以通过打电话的形式向供应商了解物料最终完成包装入库的信息。对于重要的物料，采购人员可采取现场查看的方法进行跟踪。

知 识 拓 展

　　合同跟踪过程中，要注意供应商的质量、交货期等的变化情况。需要对认证合同的条款进行修改的，要及时提醒认证人员，以利于合同的操作。

8. 跟踪货款支付

合同执行完毕的条件之一是供应商收到本次采购的货款，如果供应商未收到货款，采购人员有责任督促付款人员进行货款支付。

9. 跟踪检验使用

物料在检验或者使用过程中，可能会出现一些问题，偶发性问题可由采购人员或者现场检验人员与供应商联系解决。

10. 合同归档保管

应将合同按实际情况进行分类、归档保管。保管期限和方法依照企业文档管理制度执行。

▌实践体验

【任务】对某连锁企业采购合同执行情况进行调查。

【目的】通过调查训练，使学生能领会合同跟踪对企业的重要性。

【要求】实地考察某连锁企业，4～6人为一组，每组确定一名组长，对企业采购合同执行情进行调查，并根据调查结果，填写采购合同执行情况调查表，如表6-5所示。

表6-5　采购合同执行情况调查表

编号	供应商名称	立项时间	计划初验时间	批复总金额	已 签 合 同			
					合同号	合同金额	已付金额	存在问题
报告人				报告日期				

项 目 小 结

采购合同管理是连锁企业根据经营管理的需要，对采购合同的签订、履行、变更、纠纷处理及归档保管等工作的总称。其根本目的是降低企业的经营风险，保证企业生产经营活动的顺利进行。

　　采购合同认知是进行采购合同管理的基础，采购合同的作用、种类及其主要内容是采购合同认知的重点。采购合同作为证明供需关系的法律性文件，合同双方应遵守和履行。采购合同依据不同标准可以分成不同的种类；采购合同主要由首部、正文、尾部 3 部分构成。

　　采购合同签订是供需双方对合同的内容进行协商，取得一致意见，并签署书面协议的过程。签订合同时，要确保合同的有效性，应把握签约当事人须具备法人资格、合同必须合法等原则。签订合同时应遵照以下程序：订约提议、接受提议、填写合同、履行签约手续、报请签证或公证。

　　采购合同跟踪是在采购合同签订之后，通过对合同执行的跟踪，掌握采购合同执行的动态，以保证合同的履行。采购合同跟踪既包括对合同执行前的跟踪，也包括合同执行中的跟踪，又包括合同执行后的跟踪。当经济合同发生纠纷时，企业可以通过协商、谈判、仲裁和诉讼等方法加以解决。

思 考 练 习

一、单项选择题

1. （　　）是具有法律性质的争议解决方式。
   A. 仲裁　　　　　　　B. 协商　　　　　　C. 谈判　　　　　　D. 诉讼
2. 采购合同的尾部包括附件、生效日期和（　　）。
   A. 违约责任　　　　　B. 不可抗力　　　　C. 支付条款　　　　D. 签字盖章
3. 合同执行后跟踪主要包括监控付款、监控物料的使用情况和（　　）。
   A. 监控供应商物料准备　　　　　　　　　B. 控制物料验收
   C. 合同期限预警　　　　　　　　　　　　D. 配合物料库存
4. 审查合同主体主要是对签约人的资格、供应量商的基本情况和（　　）的审查。
   A. 履约能力　　　　　　　　　　　　　　B. 产品规格
   C. 产品数量　　　　　　　　　　　　　　D. 违约责任
5. 采购合同以（　　）为标准可分为固定价格合同和浮动价格合同。
   A. 成立方式　　　　　　　　　　　　　　B. 交易价格
   C. 交货时间　　　　　　　　　　　　　　D. 销售方式

二、多项选择题

1. 采购合同的正文包括（　　）。
   A. 价格条款　　　　B. 合同编号　　　　C. 数量条款　　　　D. 不可抗力
2. 处理合同争议的措施包括（　　）。
   A. 协商　　　　　　B. 调解　　　　　　C. 仲裁　　　　　　D. 诉讼
3. 采购合同执行中跟踪的内容有（　　）。
   A. 供应商物料准备过程　　　　　　　　　B. 配合物料库存
   C. 监控物料的使用情况　　　　　　　　　D. 紧密响应生产需求形式

4. 采购合同签订的原则有（　　）。

　　A. 签订采购合同的供应商必须具备法人资格

　　B. 采购合同必须合法

　　C. 采购合同应当采用书面形式

　　D. 坚持平等互利、充分协商的原则

5. 采购合同的标的物有（　　）。

　　A. 原材料　　　　　B. 设备　　　　　C. 技术　　　　　D. 服务

三、判断题

1. 执行合同后，采购部门在跟踪物料使用过程中发现不合格品时，应与供应商协商解决。

　　　　　　　　　　　　　　　　　　　　　　　　　　　　　　　　（　　）

2. 一般金额较大或交货期较长的物料采购或工程计价，大多采用固定价格合同方式订约。

　　　　　　　　　　　　　　　　　　　　　　　　　　　　　　　　（　　）

3. 卖方因不可抗力不能履约时，其要向买方负赔偿责任。　　　　　　（　　）

4. 由于物料规格、设计变更等因素修改合同时，须经双方的确认后再行修改。（　　）

5. 企业的采购合同要采用统一的标准格式。　　　　　　　　　　　　（　　）

四、简答题

1. 采购合同包括哪些条款？

2. 采购合同终止的原因有哪些？

3. 采购合同跟踪的基本步骤有哪些？

五、案例分析题

大益商场的采购员王某前往甲公司采购永固牌机械表 500 只。王某见甲公司有一款外观新潮的电子表供应，在该公司说明该款电子表是通过正常渠道进货后，经大益商场领导批准后，双方在购销合同上又添加了购买 300 只电子表的条款。不料，运输途中电子表被海关以走私品没收。而机械表的销路也不是很好，遂即大益商场以购销合同无效为由要求甲公司退货。

请问该案应如何处理？为什么？

项 目 实 训

【任务】评估连锁企业采购合同执行情况。

【目的】通过调查训练，使学生掌握合同执行评估的具体内容，培养学生分析问题及解决问题的能力。

【要求】实地考察某连锁企业，4~6 人为一组，每组确定一名组长，参照表 6-6 对被调查企业合同执行情进行调查和评估，并写出评估报告。

表 6-6　合同执行评估内容

执行阶段	评估要点	具体评估内容
合同执行前期	合同执行主体	执行单位是否与已签订合同上的供方一致
	供应商的态度	供应商是否提出要改变"认证合同条款" 是否出现拒绝订单的情况

执行阶段	评估要点	具体评估内容
合同执行过程	物资质量	是否符合技术规范、质量标准 规格、品牌是否符合合同要求 物资检验报告、质量认证书、性能测试报告等文件是否齐全
	物资数量	是否存在数量溢短现象，出现频次如何，出现的原因是什么
	交货期	交货是否及时，有无提前或延误状况 供应柔性如何，能否根据公司要求灵活变动
	物资装运	运输方式是否与合同一致 物资破损率情况 包装材料选用、环保功能、分拣标志、成本、规格是否符合公司要求
	物资交付	交料地点是否与合同一致 物资装卸单据是否齐备完好 交货人员是否配合我方的验收、存储工作
	违约处理	对于合同执行过程的违约情况 供应商是否服从合同罚则
合同执行后期	后继服务	是否提供与之匹配的人员培训服务 是否如约进行物资检修维护
	账务结算	是否按照合同价格条款、数量条款等结算 开具的发票是否符合相关税务要求

项目 ⑦ 连锁企业采购商品检验与货款结算

【项目导航】

商品检验是连锁企业保证商品质量的重要保障，在商品检验完毕后，购买方应该按照采购合同相应条款向供应方支付采购货款，货款结算是整个采购业务全过程中至关重要的一个环节，能否按时支付货款是供应商最关心的问题，如果一个企业到期未付给供应商的货款，往往会引起供应商的不满，导致供应商停止供货。

通过本项目的学习，使学生了解采购交货检验的方法、货款结算及付款流程等内容，在教学中使学生掌握采购商品检验、货款结算等基本技能，提高学生应对采购项目的操作能力，如图7-1所示。

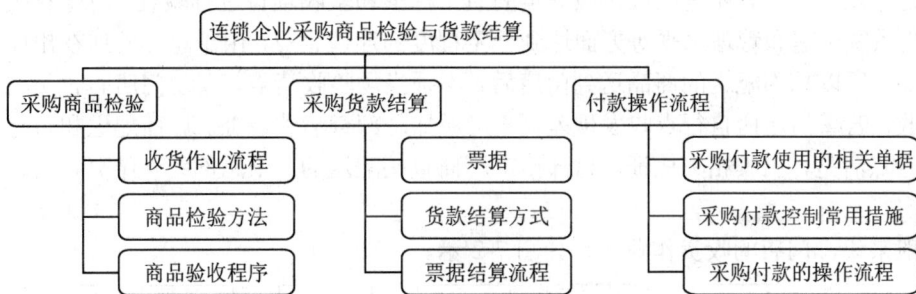

图 7-1　连锁企业采购商品检验与货款结算

学习目标

知识目标	能力目标	情感目标
1. 熟知收货作业流程	1. 掌握商品检验方法	1. 严谨认真
2. 列举货款结算方式	2. 正确使用票据	2. 实事求是
3. 熟知票据结算流程	3. 运用采购付款控制常用措施	3. 懂法守法
4. 列举采购付款使用的相关单据		
5. 熟知采购付款的操作流程		

任务 1　采购商品检验

■ 任务描述

某连锁企业于近日将收一批商品入库，为了保证验收工作的顺利进行，对入库的商品严格把关，你认为该企业仓库收货部的负责人小刘应从哪几个方面着手做好商品的验收工作？

■ 任务分析

收货部是整个连锁企业各门店所有货物唯一的进货通道，无论是商品、自用品，还是店内的设备设施或供应商的展示渠道等，都必须由收货部按照企业规定办理商品的相关手续才能进入企业各门店。如果收货环节出现问题，不仅会对楼面产生直接负面影响，同时也可能给企业带来重大的经济损失。因此小刘要做好商品的验收工作，他应该具备以下知识和技能：

1）掌握收货的作业流程。

2）理解商品检验方法。

3）了解采购验收的程序。

▌ 相关知识

一、收货作业流程

门店验收作业可按进货的来源分为厂商配送验收、总部配送验收和自行进货验收。在连锁经营初期，由于某些连锁企业商品供应计划体系还不完善，各个连锁门店在收到总部配送中心配送来的商品时，还是应该按照规定的质量标准和验收项目进行验收。对于相关商品开发、供货系统构建和管理水平等方面达到一定程度的连锁企业，由于总部配送在出库时已经查点清楚，所以总部配送的商品送到门店后，不须当场验收清点，仅由门店验收员立即盖店章及签收，若事后店内自行点收发现差误，可通知总部查清和调补。厂商配送和自行采购的要当场查点清楚，出具相关凭证，总部指定厂商直接配送的，由总部统一结算，自行进货则由门店自行结算。

一般来说，门店的收货作业流程如图 7-2 示。

投单 → 核单 → 卸货 → 验货 → 复查 → 录入 → 单据确认

图 7-2　连锁企业门店的收货作业流程

1. 投单

供应商持总部或门店采购部所发订单递交收货窗口。

2. 核单

受理处对订单进行审核，包括供应商编号、供应商地址、电话、传真、送货地址、送货日期、货物名称、货号及数量等否相符。

3. 卸货

对该供应商进行收货时，要将货物按合理码放的原则在规定的区域内卸货。

4. 验货

检查外包装是否有破损、商品描述、含量、规格是否与订单内容相符；检查某一箱内商品单上的条形码、包装、商品标志、保质期限、重量，并做数量统计，收货员在验货完成后在验货清单上签字。

5. 复查

同一商品再由另一位收货员做复查，经核实无差异后，收货员与供应商分别在验货清单上签字，收货员盖收货章，将验货清单供应商联交给供应商，供应商的送货单附于验货清单收货联之后。

6. 录入

将验货清单收货联交给电脑人员，录入员仔细核查验货清单上所列项目，特别是数量填写是否清楚，再做电脑录入。

7. 单据确认

对收货的单据进行核实，确认无误后，在本工作日内进行本次收货确认，并将单据分类保管。

知 识 拓 展

某超市商品验收管理办法

一、厂商送货时，须将货物送到订单指定仓库，送错地点不得收货。

二、厂商送货时须付公司订单（传真）及送货单，没有订单不得收货，订单未经商品部确认不得收货，须紧急通知商品部人员补办手续后才可收货。

三、验收时，个别商品数量不得超过订购量之5%，否则不得收货。

四、验收人员在商品入库前，对待验收商品进行以下几方面核对与检查：

1. 进货商品之品名、规格、数量逐一与进货单进行核对。

2. 商品是否按照规定之验收。

3. 保质期与生产日期（接近保质期商品不能受理）。

4. 包装形态是否完整。

5. 不良品是否混流（脏残商品、凹罐破损、铂包是否起泡、真空食品是否有空气等）。

6. 是否有其他同业退货品。

如果有以上所列瑕疵或不良品，应直接给厂商带回，本公司依实际收货量办理验收，不再办理退货手续。

五、订单为避免厂商塞货及增加作业手续，一张订单只能交货一次，不得分批交货。如有厂商多送时，除非商品人员于当天立即补办采购单，否则不收。

六、验收人员验收后应在商品人员传送之订单上填上实收数量。如果没有找到订单，除非商品人员立即补单，否则不得收货。如果商品有国际条码，应检查是否和订单一致。

七、电脑组应设立专门输入人员在验收完成后立即输入验收资料，供其他仓库或卖场人员了解库存商品状况，以即时办理商品流转或销售。

八、验收输入时，电脑在商品档提取当时进价作为订单之进货价。

九、仓管单位在办完验收手续后，无国际条码的商品需列印店内码张贴，依各商品储位将商品入库保存。

十、每日下班之后，电脑组须打印验收明细单，并将订单及发票依表上之顺序整理送至财务部结算。

十一、厂商送货日期超过规定之延时收货日期，不得收货。

十二、为加强商品验收管理，防止弊端产生，一般商品验收设二道复查关卡：

1. 商品验收入库后、仓库人员作复点作业。

2. 进入卖场陈列之商品，由商场管理人员复点。

另外，验收人员应确实检查厂商进货人员携出的退货商品，其数量与退货单是否相符，严格检查空箱，以防进货人员夹带商品。

二、商品检验方法

1. 感官检验法

感官检验法是借助人的感觉器官的功能和实践经验来检测评价商品质量的一种方法。也就是利用人的眼、鼻、舌、耳、手等感觉器官作为检验器具，结合平时积累的实践经验对商品外形结构、外观疵点、色泽、声音、气味、滋味、弹性、硬度、光滑度、包装和装潢等质量情况，对商品的种类品种、规格、性能等进行识别。主要有视觉检验、嗅觉检验、味觉检验、听觉检验、触觉检验。

知 识 拓 展

例如，家用电器中洗衣机、电冰箱、空调机的电机噪声和杂音，机器外壳的外观，电视机、录像机的影像和伴音；自行车零部件缺陷、锈蚀、表面粗糙度等外观质量；纺织品的水分、色泽，面料的疵点、污染、缺陷、颜色、色调和手感；食用油的透明度、颜色、气味；医药制品的色、味、黏度、干湿度、针剂注射的疼痛感等；粮食的外观、干湿度、夹杂物、新鲜程度；酒类的品尝；烹调制品的色、香、味；罐头食品的外观、味道、保鲜程度等。

2. 标志检验法

标志检验法是一种根据商品的外观或包装上的特有标志或标记，来识别商品真伪的检验方法。主要有 5 种，如表 7-1 所示。

表 7-1　标志检验的种类

标志检验种类	含　义
商品标志检验	鉴别商品图案的结构形式与颜色、商标的名称、字样与书写笔迹、商标的符号，以及商品的印刷与使用是否符合商标法的有关规定，通过对比，辨别商品的真伪
质量标志检验	用来证明产品符合标准或达到某一水平的一种记号标志检验，如 QS 标志、3C 标志等
商品标记检验	根据商品或商品包装上的标记来识别商品的真伪、优劣、正品副品等，主要包括等级标记、规格标记、印记标记和特定标记

续表

标志检验种类	含　义
商品标记检验	根据商品或商品包装上的标记来识别商品的真伪、优劣、正品副品等，主要包括等级标记、规格标记、印记标记和特定标记
激光防伪标志检验	利用激光防伪技术制作彩色多变的立体图形来鉴别
条码标志检验	一组规则排列的条、空及对应字符组成的，用以表示一定信息的标记，能够使用商品条码的商品，必须是得到质量认证的商品

知 识 拓 展

国家技术监督局规定 14 类商品为伪劣商品

1. 失效、变质的。
2. 危及安全和人民健康的。
3. 所标明的指标与实际不符的。
4. 冒用优质或认证标志和伪造许可证标志的。
5. 掺杂使假、以假充真或以旧充新的。
6. 国家有关法律、法规明确规定禁止生产、销售的。
7. 无检查合格证或无有关单位销售证明的。
8. 未使用中文标明商品名称、生产者和产地的。
9. 限时使用而未标明失效时间的。
10. 实施生产许可证管理而未标明许可证编号有效日期的。
11. 按有关规定应用中文标明规格、等级主要技术指标或成分、含量而未标明的。
12. 属处理品而未在商品或包装的显著部位标明处理品字样的。
13. 剧毒、易燃等危险品而未标明的。
14. 未注明商品的有关知识和使用说明的。

3. 包装检验法

设计新颖、造型美观、色彩鲜艳的商品包装，不仅可以保证商品的质量、方便储存，而且可以极大地美化商品、吸引消费者，激发消费者的购买欲。包装一般从 4 个方面检验，如表 7-2 所示。

表 7-2　包装检验方法

包装检验方法	含　义
包装标志检验	主要看商品的运输标志和商品标志。运输标志是运输过程中辨认货物的依据，而且是一般贸易合同、发货单据和运输、保险文件中记载有关标志的基本部分，主要包括目的地名或代号、收货人或发货人代号、商品合同号、件号、体积、重量等；商品标志是收货工作和识别货物的依据，主要包括商品的编号、品名、规格、色别、计量单位及数量等级等
包装装潢检验	一般名优商品的包装比较讲究，包装纸不仅质量好、白度高、光泽度好，而且装潢和商标印刷精美、套印精确、色彩鲜艳、画面美观；而假冒伪劣商品包装用纸粗糙、白度差、光泽度差、商标装潢印刷常有套印准确、颜色不纯的现象
包装标签检验	有固定包装的商品，应特别注意识别商品包装标签的真伪，如食品，凡是出售带有包装的食品，必须在包装容器上标明食品名称、配料表、净含量及固形重量、厂名厂址、批号、生产日期、保存（质）期、食用方法等内容

续表

包装检验方法	含　义
包装材料检验	一般商品的包装材料因商品的性质和特点不同而不同,但多数名优产品,不仅包装上的商标、装潢等与众不同,而且包装的材料也特别讲究

▌任务实施

一、商品验收程序

商品验收程序为收货员验收商品提供一种指导。收货员必须要严格按照商品验收程序来开展商品验收工作,这样才能将商品验收工作做到最好,其流程如图 7-3 所示。

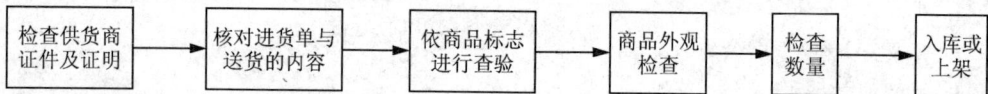

检查供货商证件及证明 → 核对进货单与送货的内容 → 依商品标志进行查验 → 商品外观检查 → 检查数量 → 入库或上架

图 7-3　商品验收程序

二、商品验收的知识要点与技巧

1. 检查供货商证件及证明

在进行商品验收时,必须要求对方把企业的相关资料准备齐全,主要包括以下几个方面。
1)已盖公章的报价表。
2)已盖公章的企业营业执照复印件(已通过当年年检)。
3)已盖公章的企业税务登记证复印件(已通过当年年检)。
4)开户行、开户账号、税号、企业地址、企业电话、联系人、传真、邮编。
5)商标注册证。
6)特殊行业必备资料。
例如,食品行业的食品生产许可证、食品生产企业合格证、食品卫生许可证、食品新产品批准证书、销售地当地的卫生防疫检测报告等;药字号保健品供应商的药品生产企业许可证、药品生产企业合格证等。

2. 核对进货单与送货的内容

为防止供应商鱼目混珠,验收人员一定要详细检查进货商品的品名、规格、数量、重量与进货单是否相符。

3. 依商品标示信息进行查验

依商品标示规定检查商标、包装或证明上的品名、文字或图案,如果食品,应检查每项产品的生产日期是否将过期或已过期。

4. 商品外观检查

商品包装的外观必须整齐,无渗漏、无污物等,如食品必须密封包装,且不得用金属或橡胶带密封。冷冻食品或冷藏食品应检查其包装是否用订书针或其他金属密封,或用橡胶带捆绑,如有上述情形,应拒收。另外,如有破损的包装,因其品质较易发生变异,也应拒收。

而罐头食品遇有凹凸罐、变形、油渍的情形也应予以拒收。

5. 检查数量

检查供应商的送货件数是否与订单相符，并拆开几件货物进行抽查，看其数量是否与包装上标明的相符。

温 馨 提 示

对于要称重的商品，主要是采用过磅或按理论换算的方法进行检查。过磅的方法适用于按重量计量的无包装（散装）商品；按理论换算的方法适用于带有包装的商品；对于按件供应商的商品，主要采取点件验收法。

6. 入库或上架

符合上面的规定就应检验商品的品质，达到标准后，验收人员才可在进货单上签单，并在进货簿（表）上添列进货登记，其进货簿上须列有厂商编号、商品名称、数量、规格、销售金额、发票号码及进货单号码。商品经验收人员核对后，送货员再将商品送至卖场或仓库，由营业员或仓管员复检，这时整个验收手续才算完成。

▌ 实践体验

【任务】调查某小型超市的商品验收流程。

【目的】通过此活动，加深学生对商品验收流程的理解。

【要求】4~6 人一组，每组确定一名组长，对小型超市进行调查，描绘商品验收流程。

任务 2　采购货款结算

▌ **任务描述**

小李在从事采购工作时，经常会涉及货款的结算，可是他对货款结算的票据不是很熟悉，那大家帮他增强对货款结算票据的认识吧。

▌ **任务分析**

货款结算是整个采购业务过程中非常重要的环节，能否按时支付货款是供应商最关心的问题，小李为了圆满完成工作，必须对货款结算的票据有所认识，应从以下两个方面着手：

1）知道票据结算方式。

2）正确使用每种票据。

▌ 相关知识

一、票据

目前在连锁企业中货款的结算方式主要用票据来结算，票据是国际通行的结算和信贷工具，是可以流通转让的债权凭证。目前使用的票据主要有汇票、本票、支票、汇兑和托收等。

二、货款结算方式

货款结算方式如图 7-4 所示。

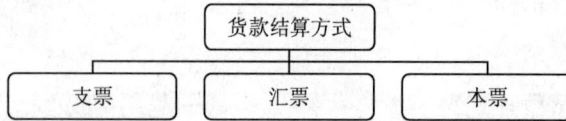

图 7-4　货款结算方式

（一）支票

1. 概念

支票是银行的存款人签发给收款人或办理结算或委托开户银行将款项支付给收款人的票据。适用于同城各单位之间的商品交易、劳务供应及其他款项的结算。由于支票结算方式手续简便，因而是目前同城结算中使用比较广泛的一种结算方式。

2. 种类

支票有现金支票（图 7-5）、转账支票（图 7-6）、普通支票和划线支票 4 种，如表 7-3 所示。

表 7-3　支票的分类

支票种类	含　义	适 用 范 围
现金支票	印有"现金"字样的为现金支票	只能用于支取现金
转账支票	支票上印有"转账"字样的为转账支票	只用于转账，不可支取现金
普通支票	支票上未印有"现金"或"转账"字样的为普通支票	以用于支取现金，也可以用于转账
划线支票	在普通支票左上角划两条平行线的，为划线支票	只能用于转账，不得支取现金

图 7-5　现金支票

＿＿＿＿银行 转账支票存根（湘） XIV00000000 附加信息 ＿＿＿＿ ＿＿＿＿＿＿＿＿ 出票日期　年　月　日	本支票付款期限十天	＿＿＿＿银行转账支票（湘）　　　　　　XIV00000000

（表格内容：出票日期（大写）年月日　付款行名称：；收款人：　出票人账号：；人民币（大写）　亿千百十万千百十元角分；用途＿＿＿；上列款项请从我账户内支付　出票人签章　复核　记账；收款人：金额：用途：单位主管　会计）

图 7-6　转账支票

3. 使用

1）支票一律记名。中国人民银行总行批准的地区转账支票可以背书转让。

2）支票见票即付，但支票持票人委托其开户银行向付款人提示付款的，进账时间为经过同城票据交换系统将票款划回的时间。支票的提示付款期限为自出票日起 10 日内，中国人民银行另有规定的除外。超过提示付款期的，持票人开户银行不予受理，付款人不予付款。

3）不准签发空白支票。签发支票，不能超过银行存款的余额，超过的即为"空头支票"，银行将予以退票，并处以票面金额 5%但不低于 1000 元的罚款。

温 馨 提 示

支票填写要注意以下事项：

1）壹月贰月前零字必写，叁月至玖月前零字可写可不写。拾月至拾贰月必须写成壹拾月、壹拾壹月、壹拾贰月（前面多写了"零"字也认可，如零壹拾月）。

2）壹日至玖日前零字必写，拾日至拾玖日必须写成壹拾日及壹拾×日（前面多写了"零"字也认可，如零壹拾伍日，下同），贰拾日至贰拾玖日必须写成贰拾日及贰拾×日，叁拾日和叁拾壹日必须写成叁拾日及叁拾壹日。

3）转账支票收款人应填写为对方单位名称。转账支票背面本单位不盖章。收款单位取得转账支票后，在支票背面被背书栏内加盖收款单位财务专用章和法人章，填写好银行进账单后连同该支票交给收款单位的开户银行委托银行收款。

知 识 拓 展

1）支票正面不能有涂改痕迹，否则本支票作废。

2）受票人如果发现支票填写不全，可以补记，但不能涂改。

3）支票的有效期为 10 天，日期首尾算一天。节假日顺延。

4）支票见票即付，不记名。

5）出票单位现金支票背面有印章盖模糊了，可把模糊印章打叉，重新再盖一次。

6）收款单位转账支票背面印章盖模糊了，收款单位可带转账支票及银行进账单到出票单位的开户银行去办理收款手续（不用付手续费），俗称"倒打"，这样就不用到出票单位重新开支票了。

（二）汇票

1. 概念

汇票是由出票人签发的，委托付款在见票时或指定日期，无条件支付一定金额给收款人或持票人的票据。其票样如图 7-7 所示。

图 7-7 银行汇票

知 识 拓 展

汇票的收款人有 3 种写法：①限制性抬头（此种汇票不能转让）；②指示式抬头（记名抬头），此种汇票经抬头人背书后，可以自由转让；③持票来人抬头（无须背书即可转让）。

2. 种类

（1）按信用性质不同分为银行汇票和商业汇票

银行汇票是汇款人将款项交存当地银行，由银行签发给汇款人持往异地办理转账结算或支取现金的票据。它以银行信用为基础，属于银行票据，出票人和付款人都是出票银行，具有较高的信誉。其票样如图 7-8 所示，银行进账单如图 7-9 所示。

图 7-8 银行汇票

银行 进账单（回单）   1

年   月   日

收款人	全 称		付款人	全 称												
	账 号			账 号												
	开户银行			开户银行												
金额	人民币（大写）				亿	千	百	十	万	千	百	十	元	角	分	
票据种类		票据张数														
票据号码																
	复核 记账							开户银行盖章								

此联是开户银行交给持（出）票人的回单

图 7-9 银行进账单

知 识 拓 展

采用银行汇票结算方式，应注意下列问题：

1）银行汇票的提示付款期为一个月，超过提示付款期限，经出具证明后，仍可以请求出票银行付款。银行汇票见票即付。填明"现金"字样和代理付款行的银行汇票丧失，失票人可以向银行申请挂失，或者向法院申请公示催告或提起诉讼。但未填明"现金"字样和代理付款行的银行汇票丧失不得挂失。

2）银行汇票一律记名，可以背书转让。

3）银行汇票的汇款金额起点为 500 元。

商业汇票是收款人或付款人（或承兑申请人）签发，由承兑人承兑（承兑是指汇票付款人承诺在汇票到期日支付汇票金额的票据行为）并于到期日向收款人或被背书人支付款项的票据。商业汇票适用于同城或异地在银行开立存款账户的法人及其他组织之间，订有购销合同的商品交易的款项结算。

（2）按商业汇票承兑的不同分为商业承兑汇票和银行承兑汇票

商业承兑汇票是指由收款人签发，付款人承兑，或由付款人签发并承兑的票据。付款人须在商业承兑汇票正面签署"承兑"后，将商业承兑汇票交给收款人。其票样如图 7-10 所示。

银行承兑汇票是由收款人或承兑申请人签发，并由承兑申请人向开户银行申请，经银行审查同意承兑的票据。其票样如图 7-11 所示。

商业承兑汇票（卡片）　　1

出票日期（大写）　　年　月　日　　　　汇票号码

付款人	全　称		收款人	全　称		
	账　号			账　号		
	开户银行	行号		开户银行	行号	

汇票金额	人民币（大写）		亿 千 百 十 万 千 百 十 元 角 分

汇票到期日		备注：
交易合同号码		

本汇票请你单位承兑，并及时将承兑汇票寄交我单位。
此致　承兑人

收款人签章

负责　　　经办

此联承兑人存查

图 7-10　商业承兑汇票

银行承兑汇票（卡片）　　1

出票日期（大写）　　年　月　日　　　　汇票号码

出 票 人全 称		付款人	全　称		
出 票 人账 号			账　号		
付款行全称	行号		开户银行	行号	

汇票金额	人民币（大写）		亿 千 百 十 万 千 百 十 元 角 分

汇票到期日（大写）		付款人	行号	
承兑协议编号			地址	

本汇票请你行承兑，此项汇票款我单位承兑协议于到期日前足额交存银行，到期请予以支付。

出票人签章

本汇票已经承兑，到期由本行付款。

承兑行签章

承兑日期　年　月　日

备注：

复核　　记账

此联承兑行留存备查，到期支付票款时作借方凭证附件

图 7-11　银行承兑汇票

（三）本票

1. 概念

本票是指一个人向另一个人签发的，保证即期或定期或在可能确定的将来时间，对某人或其指定人或持票人支付一定金额的无条件书面承诺。其票样如图 7-12 所示。

付款期限
壹个月

_____银行

本票（卡片）1 　　地名　　汇票号码

	出票日期 （大写）	年　月　日		

收款人：			申请人：	
凭票即付	人民币 （大写）			
转账	现金		科目（借）_____	
备注：			对方科目（贷）_____	
			付款日期　年　月　日	
		出票行签章	出纳　　复核　　经办	

此联出票行留存，结算本票时作借方凭证附件

图 7-12　本票

2. 种类

1）银行本票：即期本票见票即付、不记载收款人名称的小额银行，可代替现金使用；远期本票主要适用大额交易中。

2）商业本票：由企业或个人开立，用于清偿自身债务。

3. 使用

银行本票由银行签发，出票人必须具有支付本票金额的可靠资金来源，并保证支付，其资格由中国人民银行审定。本票自出票日起，付款期最长不得超过 2 个月。

知 识 拓 展

本票和汇票的主要异同如下：

1）本票是无条件的支付承诺，而汇票是无条件的支付命令。

2）本票的票面有两个当事人，而汇票则有三个当事人。

3）本票的出票人即是付款人，远期本票无须办理提示承兑和承兑手续，远期汇票则需办理承兑。

4）本票在任何情况下，出票人都是主债务人；而汇票在承兑前，出票人是主债务人，在承兑后，承兑人是主债务人。

5）本票只能开出一张，而汇票可以开出一套。

（四）汇兑

1. 概念

汇兑是指付款人通过银行或其他途径主动将款项汇交收款人。

2. 种类

汇兑主要两种形式，即电汇（图 7-13）和信汇（图 7-14），如表 7-4 所示。

表 7-4 汇兑的种类

汇兑的种类	含 义	特 点
电汇	汇出行应汇款人的申请，拍发加押电报或电传给在另一个国家的分行或代理行（汇入行），指示它解付一定金额给收款人的一种汇款方式	速度快，收费高，通常只有在卖方有特殊要求时，买方才予采用
信汇	汇出行应汇款人的申请，将信汇委托书寄给汇入行，授权解付一定金额给收款人的一种汇款方式	费用较低，但收款人收到汇款的时间较迟

_____银行 电汇凭证（回单）　　　1

□普通 □加急		委托日期　　年　月　日			

（电汇凭证表格，含付款人全称、账号、汇出地点省市/县、汇出行名称；收款人全称、账号、汇入地点省市/县、汇入行名称；金额人民币（大写），亿千百十万千百十元角分；支付密码；附加信息及用途；汇出行签章；复核 记账。此联汇出行给汇款人的回单）

图 7-13 电汇

_____银行 信汇凭证（回单）　　　1

委托日期　　年　月　日

（信汇凭证表格，含付款人全称、账号、汇出地点省市/县、汇出行名称；收款人全称、账号、汇入地点省市/县、汇入行名称；金额人民币（大写），亿千百十万千百十元角分；支付密码；附加信息及用途；汇出行签章；复核 记账。此联汇出行给汇款人的回单）

图 7-14 信汇

3. 使用

汇兑有利于汇款人向异地主动付款，适用于单位、个体经济户和个人的各种款项结算。个体经济户和个人需要在汇入行支取现金的，可凭填明"现金"字样的汇款凭证到汇入行地支取现金。

（五）托收

托收指债权人出具汇票，委托银行向债务人收取货款的一种支付方式。

知 识 拓 展

托收的性质为商业信用。银行有"三不管"：一是不负责审查单据；二是不负责买方是否付款；三是不负责货物的真实情况。因此跟单托收对出口人有一定风险，但对进口人却很有利。

■ 任务实施

一、采购货款结算的基本步骤

采购货款结算的基本步骤如图 7-15 所示。

审核相关单据　→　确定付款方式　→　签发票据　→　票据结算

图 7-15　货款结算步骤

二、票据结算流程

（一）支票结算

1. 现金支票结算

开户单位用现金支票提取现金时，由单位出纳人员签发现金支票并加盖银行预留印鉴，然后到开户银行提取现金；开户单位用现金支票向外单位或个人支付现金时，由付款单位出纳人员签发现金支票时，并加盖银行预留印鉴和注明收款人后交收款人，收款人持现金支票到付款单位开户银行提取现金，并按照银行的要求交验有关证件。

2. 转账支票结算

1）由签发人交收款人办理结算，其流程如图 7-16 所示。

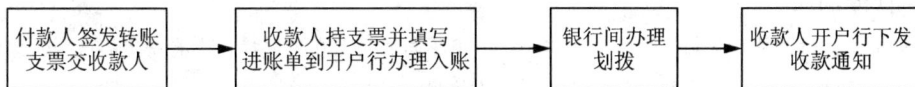

付款人签发转账支票交收款人　→　收款人持支票并填写进账单到开户行办理入账　→　银行间办理划拨　→　收款人开户行下发收款通知

图 7-16　签发人交收款人办理结算流程

2）由签发人交签发人开户银行办理结算，其流程如图 7-17 所示。

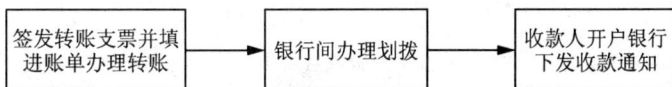

签发转账支票并填进账单办理转账　→　银行间办理划拨　→　收款人开户银行下发收款通知

图 7-17　由签发人交签发人开户银行办理结算流程

（二）银行汇票结算

银行汇票是通过银行办理功能进行转账和结算业务的，具体流程如图 7-18 所示。

汇款人委托银行办理汇票　→　银行签发汇票　→　汇款人使用汇票结算　→　收款人持汇票进账或取款　→　通知汇票解付　→　银行结算划拨

图 7-18　银行汇票结算流程

（三）银行本票结算

银行本票见票即付，申请人持银行本票可以向填明的收款单位或个体经营者办理结算。收款人可以为个人，也可以持转账的银行本票经背书向背书单位或个体经营者办理结算。持有"现金"字样的银行本票可以向银行支取现金。未在银行开立账户的收款人，凭具有"现金"字样的银行本票向银行支取现金时，应在银行本票背面签字或盖章，并向银行交验有关证件。

（四）汇兑结算

汇兑结算的具体流程如图 7-19 所示。

汇款人委托开户银行办理汇款　→　银行间划拨　→　收款开户银行通知收款人汇款已到

图 7-19　汇兑结算流程

▌实践体验

【任务】票据填写及审核训练。

【目的】通过填写票据训练，使学生能掌握票据填写的规范及审核要点。

【要求】学生个人独立完成，并互相检查。

任务 3　付款操作流程

▓ 任务描述

一般来说，付款是财务部门的主要工作之一，但不同的企业在付款操作上有一定的区别，即使是财务部门负责付款，也要以采购部门的业务活动为依据，同时由于采购部门是具体采购业务的主要参与者，所以有时采购部门也成了付款的主要责任部门之一，而小刘作为采购部门的一员，他要熟知采购付款操作流程，请大家赶紧帮帮他吧。

▓ 任务分析

采购双方最终达成交易协议，并实现物品的验收后，连锁企业应按照采购合同相应条款向供应方就采购货款进行支付，而要顺成完成付款，小刘就必须熟知采购付款操作的相关知识。

1）明确采购付款使用的相关单据。

2）运用采购付款控制常用措施。

3）熟悉采购付款的操作流程。

▋相关知识

一、采购付款使用的相关单据

1. 请购单

由存货仓库、销售部门向采购部门提出物品采购申请，并编制单据。请购单预先编号，并注明所须采购物品的种类、数量及请购人。

2. 订单

由采购部门编制的授权供应方提供物品的预先编号的文件。订单上包括供应方名称、采购项目、数量、付款条件及价格等。这一凭证常用于表明物品采购的批准手续，并将其送交采购方用做表明购买意愿。

3. 验收单

企业收到采购的物品时验收部门对物品进行验收，并据此编制有关收到的商品种类、数量、供方名称、订单号及其他有关资料的凭证。

4. 卖方发票

卖方发票是卖方送来的标明采购的商品种类、数量、运费、价格、现金折扣条件及开具发票日期的凭证，它详细说明了由于某项采购业务而欠卖方的货款金额。

5. 借款通知单

借款通知单是反映由于退金和折让而减少向卖方付款金额的凭证。其格式常与发票相同，用于证明付款借项记录。

6. 付款凭单

付款凭单是用来建立正式记录和控制采购的凭单，它是采购日记中记录采购的基础，也是支付货款的依据。一般来说，付款凭单正本必须随附卖方发票、验收单和订单副本。

二、采购付款控制常用措施

（一）职责分工

在采购付款业务中，为了保证采购确为企业经营所需，并符合企业利益，收到的商品完整完全，价款及时地支付供应商，应将采购付款中的职责进行分工：

1）提出采购申请与批准采购申请职责相互独立。

2）批准采购申请和具体实施采购任务的职责相互独立，以防止采购部门购入不必要的或过量的商品而损害企业整体利益。

3）验收部门与会计部门相互独立，保证按真实收到的物品数额登记入账。

4）应付账款记账员不能接触现金，以保证付款记录的真实性和正确性。

5）支票的签字和应付款账款的记账相互独立，以保证按所欠卖方的真实金额按时签发支票。

6）内部检查与相关的执行和记录工作相互独立，以保证内部检查的独立性和有效性。

（二）信息传递程序控制

1. 授权程序

有效的内部控制要求采购付款经过适当的授权批准。这个授权程序是：企业内部应建立分级采购批准制度；只有经过授权的人员才能提出采购申请；采购申请必须经独立于使用部门以外的被授权人批准；签发支票要经过被按授权人的签字批准，保证货款是以真实金额向特定供应商及时支付的。

2. 文件和记录的使用

为了满足健全业务审批、财产保管及便于记录的要求，企业要合理设计和使用文件和记录，具体要求包括订单、验收单、付款单、支票、采购日记账及供应商应付账款明细账等。

3. 独立检查

在采购付款业务中，还应当实施一些独立检查，防止各环节发生疏忽和舞弊，同时也有利于及时消除采购付款中出现连续作弊的风险。

4. 实物控制

一方面加强对验收入库商品的实物控制，限制非授权人存货，防止错用和盗窃；另一方面限制非授权人接近各种记录和文件，防止伪造和更改会计资料。

▌任务实施

一、采购付款操作流程

采购付款操作流程如图 7-20 所示。

查询入库信息 → 准备付款申请单据 → 付款审批 → 资金平衡 → 向供应商付款 → 供应商收款

图 7-20　采购付款操作流程

二、采购付款操作流程的要点

1. 查询入库信息

对国内的供应付款操作，一般是在货物运达，并且完成入库验收等入库操作之后进行，因此，采购人员必须认真、准确、及时地查询货物入库信息，并着手办理货物付款手续。对于国外供应商，一般货物一到岸或到达指定的交易地点，须及时验收，在验收后对供应商开具付款票据，对于长期采购的供应商，特别是有较好信誉的供货商，可按约定的付款周期付款。

2. 准备付款申请单据

供应商付款应以采购合同为依据，向财务部门拟制付款申请单，并备好采购合同、货物检验单、货物入库单、发票等单据和文件，其中的合同编号、货物名称，验收合格的数量、单价及总价等，供应商必须一致。

3. 付款审批

付款审批的具体事宜由管理部或财务部专职人员进行，审核的内容包括 3 个方面。

1）单据的匹配性，即上述单据在合同编号、物品名称、数量、单价、总价、供应商方面的一致性及正确性。

2）单据的规范性：特别是发票、付款申请要求格式标准、统一、描述清楚。

3）单据的真实性：发票的真假鉴别，检验单、入库单的真假识别等。

4. 资金平衡

在采购过程中，企业必须合理地运用资金，特别是在资金短缺的情况下，要综合考虑物品的重要性、供应商的付款周期等因素，确定付款顺序。对于不能及时付款的物品，要充分与供应商进行沟通，征得供应商的谅解和同意。

5. 向供应商付款

企业财务部门在接到付款申请单及通知后即可向供应商付款，并提醒供应商注意收款。

6. 供应商收款

企业之间的交易付款活动一般通过银行进行，有时因为付款账号等疏漏，可能导致供应商收不到款。对于金额较大的付款活动，企业有必要在付款活动时向供应商发出收款提醒。

▌实践体验

【任务】单据审核训练。

【目的】通过本项目训练，学生能掌握单据的正确填写规范，认真审核单据的真实性、规范性和匹配性。

【要求】4～6 人一组，每组确定一名组长，对教师课前准备好的相关单据进行审核，并分析单据的有效性。

项 目 小 结

收货作业流程包括投单、核单、卸货、验货、复查、录入及单据确认。商品检验方法主要有感官检验法、标志检验法和包装检验法。商品验收程序为收货员验收商品提供了一种流程指导。收货员必须要严格按照商品验收程序来开展商品验收工作，主要包括检查供货商证件及证明、核对进货单与送货的内容、核对进货单与送货的内容、商品外观检查、检查数量和入库或上架。

目前使用的票据主要有汇票、本票、支票、汇兑和托收等。

采购付款使用的相关单据有请购单、订单、验收单、卖方发票、借项通知单和付款凭单。采购付款控制常用职责分工和信息传递程序控制两种措施。采购付款操作流程包括查询入库信息、准备付款申请单据、付款审批、资金平衡、向供应商付款和供应商收款。

思 考 练 习

一、单项选择题

1. 下列对收货作业流程描述正确的是（　　　）。
   A. 投单—核单—卸货—验货—复查—录入—单据确认
   B. 投单—核单—验货—卸货—复查—录入—单据确认
   C. 投单—验货—核单—卸货—复查—录入—单据确认
   D. 投单—核单—验货—卸货—录入—复查—单据确认

2. （　　　）是无条件的支付承诺票据。
   A. 支票　　　　　　B. 汇票　　　　　　C. 本票　　　　　　D. 汇兑

3. （　　　）票据的提示付款期为一个月。
   A. 支票　　　　　　B. 汇票　　　　　　C. 本票　　　　　　D. 汇兑

4. （　　　）是用来建立正式记录和控制采购的凭单，是支付货款的依据。
   A. 验收单　　　　　B. 付款凭单　　　　C. 订单　　　　　　D. 卖方发票

5. （　　　）主要看商品的运输标志和商品标志。
   A. 包装装潢检验　　B. 包装标签检验　　C. 包装材料检验　　D. 包装标志检验

二、多项选择题

1. 商品检验法有（　　　）。
   A. 感官检验法　　　B. 标志检验法　　　C. 包装检验法　　　D. 理化检验法

2. 目前在连锁企业中货款的结算主要使用的票据有（　　　）。
   A. 支票　　　　　　B. 汇票　　　　　　C. 本票　　　　　　D. 汇兑

3. 支票主要有（　　　）。
   A. 现金支票　　　　B. 转账支票　　　　C. 普通支票　　　　D. 划线支票

4. 采购付款使用的相关单据有（　　　）。
   A. 请购单　　　　　B. 验收单　　　　　C. 付款凭单　　　　D. 订单

5. 汇票的收款人有（　　　）3 种写法。
   A. 限制性抬头　　　B. 指示式抬头　　　C. 持票来人抬头　　D. 无记名抬头

三、判断题

1. 本票是银行的存款人签发给收款人或办理结算或委托开户银行将款项支付给收款人的票据。
   （　　　）

2. 普通支票只能用于支取现金。　　　　　　　　　　　　　　　　　　　　（　　　）

3. 银行汇票是汇款人将款项交存当地银行，由银行签给汇款人持往异地办理转账结算或支取现金的票据。　　　　　　　　　　　　　　　　　　　　　　　　　　　　　　（　　　）

4. 本票自出票日起，付款期最长不得超过 2 个月。　　　　　　　　　　　　（　　　）

5. 本票只能开出一套，而汇票可以开出一张。　　　　　　　　　　　　　　（　　　）

四、简答题

1. 汇票和本票的区别有哪些？

2. 简述商品验收程序。

3. 详述采购付款控制常用措施。

4. 简述采购付款操作流程。

五、案例分析题

某超市果蔬商品的验收流程

超市果蔬商品的验收流程主要用于指导超市收货员合理地进行果蔬商品的验收。超市果蔬商品的验收流程便于将超市果蔬商品的验收工作规范化和标准化。作为收货区的工作人员，了解超市果蔬商品的验收流程是非常有必要的。下面介绍一下超市果蔬商品的验收流程。

1）检查果蔬数量，清点箱数件数或称重。

2）检查标示内容，如有包装的水果应详查其品名、重量、出产地及保质期等内容。

3）检查果蔬规格。分别拆箱，详细检查其规格是否按进货单的内容送货，以防鱼目混珠。

4）检查果蔬外观。检查果蔬的颜色、大小、形状、外表、整齐度及结构情况等。

5）品尝果蔬。通过品尝能判断出果蔬（主要是指水果的新鲜度、成熟度、多汁性、甜酸度及软硬度等）。

6）检查果蔬质量。

7）检查统一发票的金额是否与进货单相同，品名及数量也应一并核对。如完全一致则可在进货单上加盖验收章，并在进货登记簿上记录。

8）超市送货人员持进货单，按要求将商品放在拖车上，分别送往卖场或仓库，由两处的作业人员分别进行数量、规格、品名的验收作业，并由营业人员盖章。

思考下列问题：

1. 请说明收货员的工作职责。

2. 请问该超市果蔬商品的验收流程对企业有何意义？

项 目 实 训

【任务】模拟采购商品检验与货款结算训练。

【目的】通过采购商品检验与货款结算训练，使学生运用正确的检验方法对商品进行实物检验，并能正确运用货款结算票据对采购商品进行付款。

【资料】某中职学校与某教育用品有限公司签订了一份关于教学设备采购的合同，商品清单如表 7-5 所示。

某教育用品有限公司按时、按质、按量供货，且验收入库，时间为 2012 年 1 月 7 日。按合同要求，在货物验收入库后，第二天以银行转账支票支付货款。

表 7-5　某教育用品有限公司关于教学设备采购商品清单

商品名称	单位	价格/元	数量
学生课桌椅	套	128	500
多媒体讲台	套	1800	50
投影仪	台	12 000	50

【要求】4~6 人一组，每组确定一名组长，根据相关资料，模拟采购商品检验与货款结算训练。

项目⑧ 连锁企业采购绩效控制

【项目导航】

采购质量控制是连锁企业低成本运营非常重要的一个环节，而在采购环节中容易产生一些腐败行为，这种行为不仅侵蚀着企业的利益，而且对整个连锁企业经营会造成破坏性的影响。因此，加强采购质量控制，及时进行采购风险防范相当重要。根据成功经验，采购风险防范的一个很有效的方法是进行采购绩效考评，这样就可以降低采购风险，提高连锁企业的经营效益。

本项目主要学习和训练如何进行采购质量控制、采购风险防范和采购绩效考评的基本知识和技能，如图 8-1 所示。

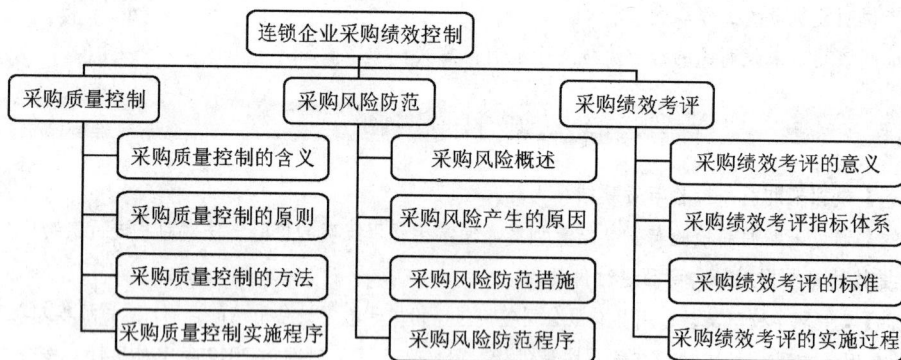

```
                    连锁企业采购绩效控制
        ┌───────────────┼───────────────┐
    采购质量控制        采购风险防范        采购绩效考评
        │                 │                 │
   采购质量控制的含义    采购风险概述      采购绩效考评的意义
        │                 │                 │
   采购质量控制的原则    采购风险产生的原因  采购绩效考评指标体系
        │                 │                 │
   采购质量控制的方法    采购风险防范措施    采购绩效考评的标准
        │                 │                 │
  采购质量控制实施程序   采购风险防范程序   采购绩效考评的实施过程
```

图 8-1　连锁企业采购绩效控制

学习目标

知识目标	能力目标	情感目标
1. 熟悉连锁企业采购风险的概念及类型 2. 明确采购质量控制的目标和内容 3. 掌握连锁企业采购风险产生的原因及防范措施 4. 熟悉连锁企业商品采购绩效考评指标体系和标准	1. 运用采购质量控制的方法 2. 设计采购质量控制实施程序 3. 明确连锁企业采购风险防范程序和要点 4. 制定采购绩效考评的实施过程	1. 公开、公正、公平 2. 团队合作 3. 严肃认真 4. 一丝不苟

┌───┐

任务 1   **采购质量控制**

■ **任务描述**

　　上海某大型卖场商品近万种，该卖场跟多家供应商建立了供应关系，但经常发现供应商供应的商品存在质量问题，试分析该卖场在采购质量管理过程中如何对采购商品质量进行控制？

■ **任务分析**

　　该卖场遇到的问题，是因为该卖场对采购质量控制没有引起足够的重视，采购商品的质量问题将直接影响到企业运营和市场形象。因此，要在采购活动中切实保证采购质量，首要工作就是要对采购商品的质量进行控制。要想很好地对商品质量进行控制，应该具备以下知识和技能：

　　1）理解采购质量控制的含义。

　　2）熟悉采购质量控制的原则。

　　3）熟悉并掌握采购质量控制的方法。

　　4）掌握采购质量控制的实施程序。

└───┘

▌ **相关知识**

一、采购质量控制的含义

　　连锁企业采购质量控制就是为保证采购商品的质量所采取的作业技术和有关活动的总称，实质是通过企业一系列的管理工作来保证和提高产品质量，让用户满意和放心。采购质量控制需要企业内部各个部门及各个供应商的相互沟通和配合，一旦确定了质量标准，采购的商品都必须遵循这个标准。标准就是要保证采购的商品能够达到企业经营所需的质量要求，保证企业所买的商品全部质量合格。

二、采购质量控制的原则

　　采购质量控制应当符合"5R"原则，即在适当的时候从适当的供应商处购买符合规格的所需数量的产品，必须围绕"质"、"供应商"、"时"、"量"、"地"5 个方面来开展工作。具体如图 8-2 所示。

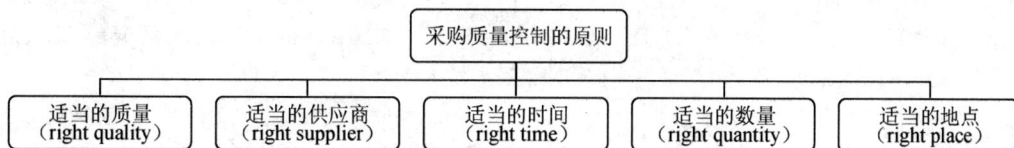

采购质量控制的原则
- 适当的质量（right quality）
- 适当的供应商（right supplier）
- 适当的时间（right time）
- 适当的数量（right quantity）
- 适当的地点（right place）

图 8-2   采购质量控制原则

1. 适当的质量

连锁企业应保证采购商品的质量能够满足消费者的需求，保证质量应该做到"适当"，一方面，如果商品质量过高，会加大采购成本，同时也造成功能过剩；另一方面，采购商品质量太差，不能满足消费者需求，影响企业形象，甚至会危及人民生命和财产安全。

2. 适当的供应商

选择供应商是连锁企业采购管理的首先目标，选择的供应商是否合适，会直接影响到连锁企业的利益。供应商的选择，主要考察供应商的整体实力、信誉、信用、财务状况及供货能力等方面。

3. 适当的时间

采购管理对采购时间有严格的要求，即要选择适当的采购时间，"适当"就是既要保证供应不间断，库存合理，销售顺畅；又不能出现因过早采购而积压，占用过多的仓库面积，加大库存成本，造成商品过期的情况，影响企业利益。

4. 适当的数量

科学地确定采购数量也是采购管理的一个重要目标，虽然大批量采购会有数量折扣，但也会造成企业资金积压。一般情况下，企业通常采用经济订货批量（economic order quantity，EOQ）进行采购，但实际中还需要做到具体情况具体分析，所以采购数量需要合理。

知 识 拓 展

EOQ是固定订货批量模型的一种，可以用来确定企业一次订货（外购或自制）的数量。当企业按照经济订货批量来订货时，可实现订货成本和储存成本之和最小化。

5. 适当的地点

供应商离连锁企业越近，运输费用越少，补货也及时，协调沟通起来也方便，成本自然就低；所以企业在选择供应商时通常还需要考虑两者之间的距离。

知 识 拓 展

上海市工商局发布沪售电熨斗产品质量监测结果。此次监测共涉及21家经销企业销售的35个批次的产品，其中不合格的6个批次，合格率为82.9%，不合格产品近两成，其中上海农工商超市、上海乐购超市、上海永乐家用电器有限公司、上海世纪联华超市等多家商场均被工商部门列入经销"黑榜"。

工商监测发现，有3个批次的电熨斗非正常工作不合格。根据标准规定，为确保使用安全，电熨斗在无人或误操作情况下，即使处于高温状态，也不应产生火焰或金属底板熔化现象。但试验过程中有3个批次电熨斗的金属发生熔融，产生损害安全的外壳变形。如由上海农工商宝山超市有限公司经销的1批次"LONGDE（龙的）"电熨斗在试验过程中发生燃烧。使用这种电熨斗，调温器一旦失控，就会造成电熨斗过热而引起火灾。另外，上海莘松乐购生活购物有限公司经销的一批次"RIWEI（日威）"蒸汽电熨斗、上海永乐家用电器有限公司南汇店经销的1批次"WELHOME（惠家）"蒸汽电熨斗都在试验中出现了金属熔融的情况。

其次，有2个批次标志和说明不合格，主要表现在产品的标志说明上没有使用正确的符号，标志和警示语不正确，如法定计量单位不正确等。使用这样的电熨斗，易造成因消费者误操作而发生危险。再次，有1批次电气强度和机械强度不合格，在使用中易造成带电部件外露，给消费者带来安全隐患，如由上海世纪联华超市南汇有限公司经销的 1 批次 "NIRON（宁锐）" 电熨斗这两项指标都不合格。此外，还有 1 个批次螺钉和连接不合格，会造成接地不可靠，接地失效，从而丧失安全保护作用。

目前，工商部门已将监测结果通知了相关的生产企业和经销商，其中，生产厂家中的中山龙的电器实业有限公司、上海日威电器有限公司、上海惠家电器制造有限公司、大连三洋家用电器有限公司等 4 家企业已对不合格产品采取了召回、整改措施。

三、采购质量控制的方法

采购质量控制方法如图 8-3 所示。

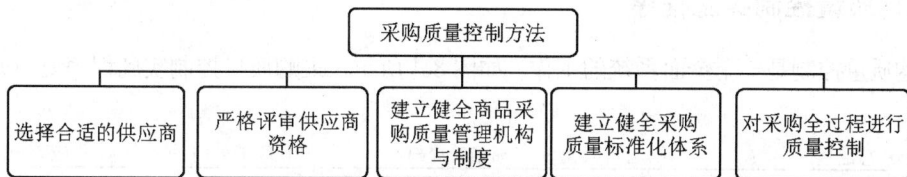

图 8-3　采购质量控制方法

1. 选择合适的供应商

连锁企业作为采购方，首要任务就是了解供应商的质量政策，选择合适的供应商。作为供货方，为确保商品质量，必须提供合格品，并出具必要的合格证明。在业务交往中，供应商应提供控制质量的书面计划及计划执行证明，并允许连锁企业对供应商的各项活动进行必要的监督。对于连锁企业及时反馈的有关商品质量及相关问题，供应商的管理部门查明后应迅速地采取纠正性工作。总之，连锁企业对于一些较复杂或重要的商品，最好有多个供应商。

2. 严格评审供应商资格

连锁企业在确定合适的供应商之前，必须先进行调查，以判断和核实供应商是否能保证商品质量。通过调查，连锁企业可对供应商资格进行初步判断，并写成报告，结论力求客观，以确定供应商的经营状况。如果打算与该供应商签订合同，则需要对供应商能否交付令人满意的商品做出进一步的预测。如果经进一步调查，认可了供应商的商品质量，且进货检验数据表明商品质量水平是可以接受的，则该供应商可被确定为合适供应商。

3. 建立健全商品采购质量管理机构与制度

为了使采购质量管理保证体系能够卓有成效地运转，使采购部门所采购的产品符合规定的要求，就需要建立一个负责采购质量的组织，协调并督促检查工作的部门，作为采购质量管理保证体系的组织保证。这个部门就是专职的采购质量管理机构。设立采购质量管理专职机构能够避免各自为政，发挥综合优势，更好地提高采购质量。对于企业管理中重复出现的工作，把它们的处理过程制定为标准，纳入规章制度。

4. 建立健全采购质量标准化体系

标准（即岗位标准、操作标准和流转程度等）是采购工作质量的尺度，又是采购管理工作的依据，只有搞好标准化工作，建立健全质量标准化体系，才能保证和提高采购工作质量，如果所采购的商品质量有问题，将会直接影响到门店的销售。因此，要在采购中切实保证采购质量，防患于未然，必须寻求可行的提高采购质量的途径。

5. 对采购全过程进行质量控制

质量控制首先可从质量的源头开始进行控制，与供应商协商一致明确验收准则，也就是在订购合同中明确质量标准，并制定进货检验规程，其次，再辅以过程质量控制和商品的质量把关，基本上可以将60%～80%的质量问题在事前及企业内部得到有效控制。只有注重事前的预防和控制工作，才有可能从根本上提高商品质量，降低采购成本。

▌任务实施

一、采购质量控制实施程序

采购质量控制是一个全面系统的工作，如图8-4所示，采购质量控制实施程序说明如表8-1所示。

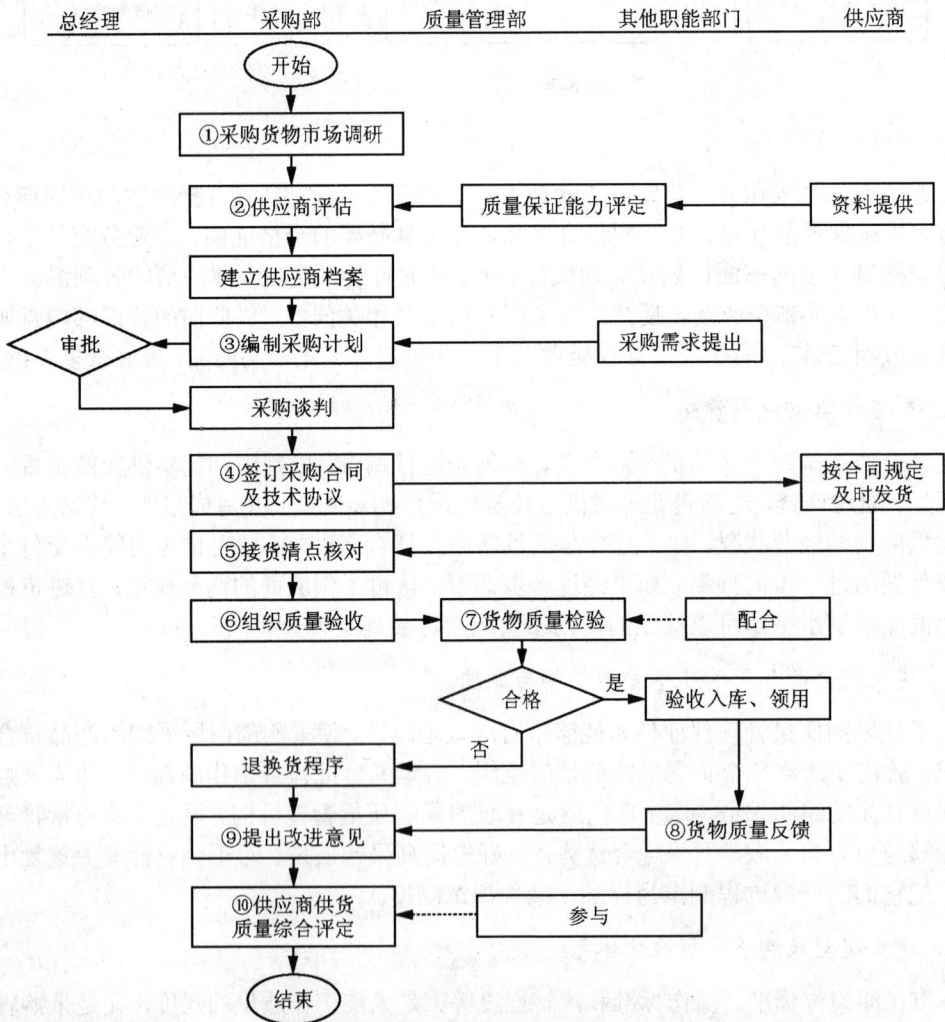

图 8-4 采购质量控制实施程序

表 8-1 采购质量控制实施程序说明表

任 务 概 要	采购货物事前、事中、事后的质量控制管理
节点控制	相关说明
①	采购部采购专员平时应注意关注企业经常采购的原材料、零部件、辅助材料等的市场供求信息、价格信息及供应商信息等，以便为定价、选择供应商等提供决策依据
②	在关注货物市场信息的同时，采购部还要对主要供应商进行信用、供货能力、生产能力、生产技术工艺、产品质量等方面的评估，要求供应商提供相应的资料；质量管理部协同进行供应商评估，主要对供应商的质量保证能力进行评定，评估完毕，由采购部建立供应商档案
③	生产等职能部门提出采购需求后，由采购部根据库存等实际情况编制采购计划，内容包括采购货物类别、数量、规格技术要求、采购实施方案等，采购计划上报总经理审批
④	采购计划批准后，采购专员寻找供应商，进行采购谈判，并签订采购合同及技术协议书。合同内容应包括采购产品的品名、规格、型号、数量、技术要求、交货时间与地点、付款方式、质量保证条款等
⑤	合同签订后，供应商按照合同规定及时发货，货到后，采购验收专员依照采购合同、请购单，对比送货单进行货物数量的清点核对
⑥	数量清点结束，如无误则由采购验收专员组织进行质量检验
⑦	质量管理部检验专员对所购货物进行质量检验，使用部门协同检验，保证所购货物的质量，符合本企业生产和经营的需要
⑧	企业相关职能部门在使用所购货物的过程中应对其质量问题进行记录，并及时反馈至采购部
⑨	采购专员及时向供应商提出改进意见，若给企业造成经济损失，则与供应商协商赔偿事宜
⑩	采购部协同质量管理部和其他职能部门定期对供应商的供货质量进行综合评定，评定内容包括供应商的配套产品质量、供货的技术性、价格水平和售后服务质量等方面。对于评定为不合格的供应商，取消其供货资格

二、采购质量控制要点

控制好采购质量是连锁企业运营效果好坏的关键因素，控制采购质量应从以下几方面入手：

1）采购质量控制必须从源头抓起，在选择合作伙伴时要慎之又慎，要对供应商经营规模、经营业绩、信誉程度及资质合法性等进行详细的调查和了解，在掌握其基本情况后再决定是否与之合作，如果仍不确定是否选用，可先签小部分订单方式，对供应商资信、质量进行深入了解后，再建立长期合作关系。

2）签订采购合同时要严谨，合同中必须明确所采购商品质量的特性要求、验收标准及出现不合格的解决方法，必须预见到可能出现的任何问题，合同中应约定的事项必须齐全，不能怕麻烦、怕啰嗦。尤其是验收标准及方法必须明确，出现不合格品的处理方法必须苛刻、严格、可量化，这样才能确保供应商重视供货过程，确保商品采购质量。

3）商品进货验收要严格把关，进货验收是连锁企业利益得失的一道闸门，必须严格控制，商品验收人员要明确相关的验收标准和验收方法并掌握相关的技能，根据商品特性的不同，通过检斤、检尺、化验、试验、外观检查、核对说明书等方法进行检验，有合同约定的，必须严格按照合同约定条款进行验收。

4）采用竞争机制，建立战略合作供应商队伍。供应商选用是一个动态的过程，要建立相关的考核机制，对供应商队伍不断进行更新，优胜劣汰。要对订单进行有效的分解，多选择几家供货，通过其供货过程便能发现优秀的、适合企业的供应商，以稳定采购质量，久而久之，便能建立起一支与企业同呼吸、共命运，能够伴随企业一起成长的战略合作供应商队伍。

■ **实践体验**

【任务】调查某零售连锁企业不合格商品。

【目的】调查搜集供应商相关商品信息，填写不合格商品调查表。

【要求】6～8人一组，每组确定一名组长，对零售连锁企业供应商商品进行实地调查，根据调查结果，填写不合格商品调查表，如表8-2所示。

表8-2　不合格商品调查表

日期	供应商	供应量	不合格品量	不合格品率	不合格品项目							
					1	2	3	4	5	6	7	其他
合计												

任务 2　采购风险防范

■ **任务描述**

在零售行业，商品进店环节上的采购是腐败的多发地带，这也是连锁企业非常重视和面临风险较大的一个环节。但是如何解决才能达到最好的效果呢？

■ **任务分析**

企业在采购过程中，不可避免地存在风险。采购风险是一种客观存在，只能防范并尽可能控制将其可能发生的损害降低到最低的限度。企业实施战略采购既可降低采购风险，又能降低采购成本。因此进行采购风险防范与控制，对连锁企业而言具有更重要的战略意义，连锁企业为了更好地防范和控制风险，应了解以下3个方面知识：

1）熟悉采购风险的内涵及分类。

2）掌握连锁企业采购风险产生的原因及防范措施。

3）熟悉连锁企业采购风险防范程序。

■ **相关知识**

一、采购风险概述

（一）采购风险的概念

采购风险是指在采购过程中由于各种意外情况的出现，使采购的实际结果与预期目标相偏离的程度和可能性，包括人为风险、经济风险和自然风险等。

（二）采购风险的类型

采购风险分为两种类型：企业采购的外因型风险和企业采购的内因型风险。

1. 企业采购的外因型风险

企业采购的外因型风险如图 8-5 所示。

图 8-5　企业采购的外因型风险类型

1）意外风险。采购过程中由于自然、经济政策及价格变动等因素造成的。

2）价格风险。一是由于供应商操纵投标环境，在投标前相互串通，有意抬高价格，使企业采购蒙受损失；二是在企业采购人员认为价格合理的情况下，批量采购该种物资出现跌价而引起的。

3）采购质量风险。供应商提供的商品质量不符合要求，导致连锁企业的商品质量不符合要求或者延长了作业时间，给企业发展带来负面影响。

4）技术进步风险。社会技术快速发展，企业的产品贬值，甚至被淘汰，造成已购设备、物料积压或因不符合新技术而造成经济损失。

5）合同欺诈风险。以虚假的合同主体身份与他人订立合同；以伪造、假冒、作废的票据或其他虚假的产权证明作为合同担保；接受对方当事人给付的货款、预付款后逃之夭夭；签订空头合同，而供应商本身是"皮包公司"，将骗来的合同转手倒卖，从中谋利，而所需的商品无法保证；供应商设置合同陷阱，如供应商无故中止合同、违反合同规定等造成的损失。

2. 企业采购的内因型风险

企业采购的内因型风险如图 8-6 所示。

图 8-6　企业采购的内因型风险类型

1）计划风险。因市场需求发生变动，影响到采购计划的准确性；采购计划管理技术不适当或不科学，与目标发生较大偏离，导致采购中的计划风险。

2）合同风险。一是合同条款模糊不清，盲目签约，违约责任约束简化；鉴证、公证合同比例过低等。二是合同行为不正当，如对采购人员行贿，套取企业采购标底；以高额回扣为诱饵公开兜售假冒伪劣产品。三是合同日常管理混乱。

3）验收风险。在数量上缺斤少两；在质量上鱼目混珠，以次充好；在品种规格上货不对路，不合规定要求；在价格上发生变形等。

4）存量风险。一是存货量不足，造成经营中断。二是存货过多，占用大量资金，形成存储损耗风险。三是对市场行情估计不准，盲目进货，造成价格风险。

5）责任风险。采购人员责任心不强或管理水平不高或者采购人员暗箱操作、假公济私、弄虚作假、收受回扣、牟取私利，损害企业利益而给企业造成损失。

二、采购风险产生的原因

1. 采购人员的职业道德水平

在商品采购过程中，采购人员和供应商之间可能存在舞弊行为，采购人员为了个人私利，利用自己手中的权力，与某一供应商合谋，使该供应商在竞标过程中处于优势地位，破坏采购活动的公开、公平和公正原则，给采购活动带来了极大的道德风险。

2. 商品价格波动

近年来，一方面由于新技术的不断应用，使某些商品的价格下跌迅速，在采购这些商品时，就会存在很大的风险；另一方面，由于世界经济日益一体化，任何企业的生产运营都不可能脱离国际市场，而国际市场上商品的价格受政治动荡、战争、经济危机等多因素影响，价格波动有时还会很剧烈。

3. 供应商交货时间不确定

供应商准确的交货时间对于保证连锁企业的正常运营是非常重要的。如果供应商不能按时交货，就会产生一系列后果，如影响连锁企业的销售，导致连锁企业丧失销售机会。因此连锁企业应加强与供应商的合作，建立牢固的合作关系，这样就可以降低由于供应商的交货时间不确定引起的风险。

三、采购风险防范措施

在分析企业采购风险的基础上，必须进行采购风险的处理与防范，采取相应的措施或方法使风险减到最低或者避免风险。

1. 建立健全企业采购管理组织

企业采购机构是企业采购活动的主体，直接决定企业采购的效益。健全的采购管理组织是企业对采购实行统一领导、分级管理和防范风险的基础。对采购环节中的主要业务：确定商品的需求量、寻找合适的供应商和合适的价格、审批供应商及价格、与供应商签订合同、检验收到的物品、储存物品、登记明细账、核准付款等，都要设专人负责，严格把关。审批人不能同时办理寻找供应商和索赔业务，商品采购人员不能同时担任商品的验收工作；审核付款人不能同时是付款人。

2. 加强采购人员和管理人员的风险防范意识

采购人员是采购项目的责任人，要在增强职业素质、提高工作技能、加强职业道德约束等方面控制风险。主要采取措施是：建立健全采购岗位责任制、加强职业道德约束、定期实行采购人员轮岗制度和推行采购人员资格认证制度。

3. 建立健全供应商选择和管理制度

供应商的选择和管理是连锁企业采购风险防范的基础工作。连锁企业要建立供应商准入制度，科学确定供应商标准，在对供应商调查了解的基础上，挑选一批生产能力强、技术水平高、管理科学、服务周到的供应商作为连锁企业的正式供应商，并为这些供应商建立档案，以加强与供应商的联系与管理。

4. 运用先进的采购技术

JIT 采购、供应链采购、电子商务采购是先进的采购技术，这些采购技术的好处是：采购效率高，可以较好地降低企业的采购风险，减少企业库存；供应商与连锁企业能进行很好的信息共享，是战略伙伴关系，共同为降低采购风险而努力；供应商自己的责任与利润相连，自我约束力强，保证送货质量，从而减少企业采购风险。

5. 建立健全采购作业标准和请示制度

建立健全采购作业标准和请示制度的内容主要包括以下 3 个方面。

1）制定标准化采购操作流程。把采购作业过程分成若干步骤，每个步骤应该怎么做，达到什么要求，应该做什么记录；每个操作步骤又分成各种不同情况，在每种情况下应怎么处理，达到什么要求，都分别做出具体的规定。

2）明确规定采购人员的权限范围。采购人员在外面独立工作，应当具有一定范围的决策权和主动权，这样有利于调动采购人员的积极性，提高工作效率。但是对采购人员的权限也应当限制，避免滥用职权，给企业造成较大的损失。

3）建立采购评价制度。评定采购工作业绩，总结经验，纠正缺点，改进工作，同时发挥监督作用，保使采购人员努力工作，降低采购风险。

6. 针对不同风险采取不同措施

企业最为直接和有效的防范风险的方法就是针对不同风险采取不同措施。例如，针对预付款风险，企业可以采取的措施就是对供货方的产品质量、价格、财务状况及偿债能力等进行分类管理，对产品质量好、信誉好和规模大的供货方可以实行预付款，并加强预付款购货的追踪管理，防止欺诈行为；针对存货风险企业可以采取的措施就是以销定购，适时控制，盘活库存，及时清理和报批；针对合同风险，企业可以采取的措施就是组织业务人员认真学习《中华人民共和国合同法》，在采购活动过程中除"即时清结"外，必须签订合同，明确双方的权利、义务及违约责任，定期进行合同追踪调查，加强监控力度。

▌任务实施

一、采购风险防范程序

连锁企业采购风险防范程序如图 8-7 所示。

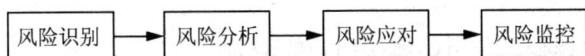

风险识别 ➡ 风险分析 ➡ 风险应对 ➡ 风险监控

图 8-7　连锁企业采购风险防范程序

二、连锁企业采购风险防范过程的要点

1. 风险识别

对风险进行分类和归纳是风险识别中常用的方法，风险分类应当反映出企业所属行业或应用领域内常见的风险来源。例如，技术方面的风险、时间安排方面的风险及财务方面的风险等。

2. 风险分析

风险分析指评估已识别风险可能的后果及影响的过程。风险分析可以选择定性分析或定量分析方法，进一步确定已识别风险对企业的影响，并根据其影响对风险进行排序，确定关键风险项，并指导风险应对计划的制定。

3. 风险应对

风险应对指针对企业面临的风险，开发、制订风险应对计划并组织必要的资源着手实施，目的是有效控制风险，避免风险失控演变为危机。风险应对计划包括企业当前及未来面临的主要风险类别，针对各类风险的主要应对措施，每个措施的操作规程，包括所需的资源、完成时间及进行状态等。风险应对计划形成之后，企业应通过风险管理体系确保计划启动时所必需的人力、物力等资源。

4. 风险监控

风险监控指在风险管理全过程中，跟踪已识别的风险，监控残余风险及识别新的风险，确保风险应对计划的执行，评估风险应对措施对减低风险的有效性，并形成风险监控报告。在企业经营过程中，风险不断变化，可能会有新风险出现，也可能有预期风险消失。采购风险可以通过以下方法予以管理。

1）风险转移。利用投保支付保费的方式将风险转嫁给保险公司；也可以通过部分非核心业务外包的方式转移至其他企业。

2）风险自留。利用一些企业内部资源为损失进行计划，自己承担部分或全部损失。

3）损失融资。利用金融衍生工具对风险进行对冲，如对冲由于利率、价格、汇率变化带来的损失。

4）风险控制。通过加强企业内部管理来规避、降低经营风险。

▌实践体验

【任务】对某一连锁企业进行调查，了解其采购中常出现哪些风险，分析这些风险产生的原因，并有针对性地提出解决方案。

【目的】培养学生调查、分析、解决问题的能力。

【要求】6～8人一组，每组确定一名组长，以组为单位撰写调研报告。

任务 3　采购绩效考评

■ 任务描述

商品采购工作在一系列的作业程序完成之后，是否达到了预期的目标，连锁企业对采购的商品是否满意，需要经过绩效考评之后才能下结论，那么，连锁企业应怎样进行商品采购绩效考评呢？

■ 任务分析

许多企业与机构，到现在仍然把采购人员看做行政人员，对他们的工作绩效还是以工作品质、工作能力、工作知识、工作量、合作、勤勉等一般性的项目来考核，使采购人员的专业功能与绩效，未受到应有的尊重和公正的评量。实际上，要对采购工作做好绩效评估，应从以下 4 个方面着手：

1）认识连锁企业商品采购绩效考评的意义。
2）掌握采购绩效考评指标体系。
3）熟悉采购绩效考评的标准。
4）熟悉采购绩效考评的实施过程。

▌相关知识

一、采购绩效考评的意义

采购绩效考评就是建立一套科学的评估指标体系，用来全面反映和检查采购部门工作效率和效益，它是对采购工作进行全面系统的评价。采购绩效采购考评的意义如下所述。

1. 实现采购目标

各家零售店可根据其性质和状况，设定不同的采购目标。如有的零售店采购偏重于"防弊"，采购部门以"按质、按量、按期"为目标；而有的零售店注重获取利润，除了维持正常的产销活动外，还非常重视产销成本的降低。为此，各零售店需要针对采购所追求的主要目标加以评估，并使目标实现。

2. 为改进绩效提供依据

零售店实行绩效考核与评估制度，可以为零售店提供客观的标准，以衡量采购目标是否达成，也可以确定采购部门目前的工作效益如何。正确的绩效考评，有助于找出采购工作的缺陷所在，从而根据此拟定改进措施。

3. 为个人或部门的奖惩提供参考

良好的绩效考评方法，能够将采购部门的绩效独立于其他部门而突出显现，并反映出采购人员的个人表现，成为各种人员考核的参考资料。连锁企业依据客观的绩效评价，实现公正的奖惩，能够鼓舞采购人员的士气，使整个采购部门团结协作，形成合力。

4. 为甄选和培养优秀采购人员提供依据

根据采购绩效考评的结果，连锁企业的管理人员可看出采购人员在各方面的表现，并针对现有采购人员中出现的问题拟订改进计划。例如，哪些人员表现出色可委以重任；哪些人员存在问题，需要继续参加一些采购专业知识培训；哪些人员不适合做采购工作，应招聘新员工代替。

5. 促进部门合作

采购工作不是连锁企业的一个部门就可以完成的，采购部门绩效高低和其他部门能否密切配合有很大关系。所以采购部门的职责是否明确，表单、流程是否简单、合理，付款条件及交货方式是否符合公司管理制度，各部门的目标是否协调一致等，均可通过绩效考评来判断，并可改善部门之间的关系，促进部门之间更进一步的合作关系，提高企业整体运作效率。

二、采购绩效考评指标体系

采购绩效考评的关键是要制定一套客观的、能够充分体现采购人员绩效的、对考核对象有导向作用的指标体系。通常用到的采购绩效考评指标如图 8-8 所示。

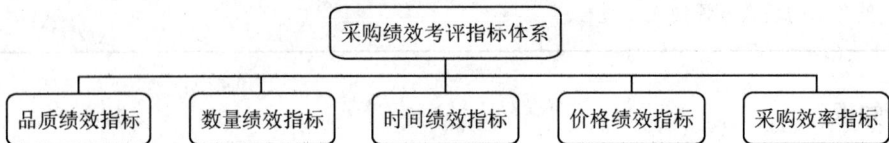

```
              ┌─────────────────────┐
              │  采购绩效考评指标体系  │
              └─────────────────────┘
   ┌──────────┬──────────┬──────────┬──────────┬──────────┐
┌────────┐┌────────┐┌────────┐┌────────┐┌────────┐
│品质绩效指标││数量绩效指标││时间绩效指标││价格绩效指标││采购效率指标│
└────────┘└────────┘└────────┘└────────┘└────────┘
```

图 8-8　连锁企业商品采购绩效考评指标体系

1. 品质绩效指标

采购的品质绩效指标主要是考评供应商的质量水平及供应商所提供商品的质量表现，包括供应商质量体系和商品质量水平两方面内容，可通过验收记录及销售记录判断，也可由验收记录及生产记录来判断。验收记录是指供应商交货时，零售店所接受（或拒收）的采购项目数量或百分比；销售记录则是指交货后，在经营销售过程发现品质不合格的项目数量或百分比。

2. 数量绩效指标

当采购人员为争取数量折扣，以达到降低价格的目的时，可能导致存货过多，甚至发生滞销积压的情况。存货积压利息及保管的费用愈大，滞销处理的损失愈高，显示采购人员的数量绩效愈差。不过此项数量绩效，有时受到企业营业状况、商品管理绩效的影响，并不一定完全归咎于采购人员。

3. 时间绩效指标

时间绩效指标是用以衡量采购人员处理订单的效率，以及对于供应商交货时间的控制。延迟交货固然可能形成缺货现象；但是提早交货也可能导致买方负担不必要的存货成本或提前付款的利息费用。

4. 价格绩效指标

价格绩效指标是零售店最重视及最常见的衡量标准。透过价格绩效指标，可以衡量采购人员议价能力及供需双方势力的消长情形。

5. 采购效率指标

以上品质、数量、时间及价格绩效指标衡量的是采购人员的工作效果，而采购效率通常用来衡量采购人员的能力。主要包括年采购金额、采购金额占销货收入的百分比、订购单的件数、采购人员的人数、采购部门的费用、新供应商开发个数、采购完成率、错误采购次数及订单处理的时间等指标。

三、采购绩效考评的标准

制定了绩效评估的指标之后，就必须考虑依据什么样的绩效标准作为与目前采购商品实际绩效的比较基础。一般连锁企业运用的标准如图 8-9 所示。

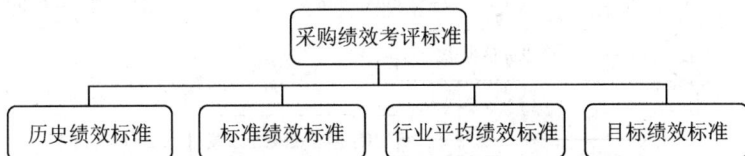

图 8-9 连锁企业商品采购绩效考评标准

1. 历史绩效标准

选择历史绩效标准作为评估目前绩效的基础，是连锁企业常用的十分有效的做法。但是这种方法只适用于采购部门的目标和人员等均没有重大变动的情况下，否则就没有价值。

2. 标准绩效标准

如果历史绩效资料难以取得，或者企业的项目采购人员发生了较大的变动，则采取标准绩效作为评估的标准。

3. 行业平均绩效标准

如果其他同行业的企业在采购组织、商品采购职责及人员配备等方面都与企业有相似之处，那么企业就可以与同行业的平均绩效水平进行比较，从中看出本企业在行业中采购工作成效上的优劣。

4. 目标绩效标准

目标绩效通常代表企业的管理层对商品采购部门追求最佳绩效的期望值。这个标准的制定通常是以同行业最佳的绩效水平为标准。

▌任务实施

一、采购绩效考评的实施过程

连锁企业采购绩效考评的实施过程如图 8-10 所示。

总经理	采购部经理	采购部	相关部门

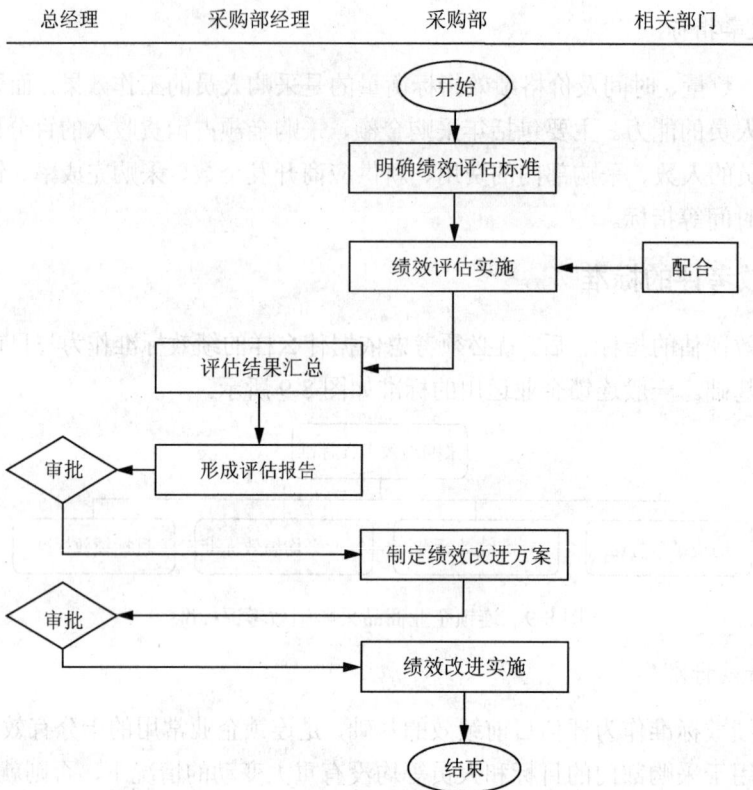

图 8-10　采购绩效考评的实施过程

二、采购绩效考评的实施要点

1. 确定需要评估的绩效类型

在采购绩效测量中，第一步就要确定企业所需评估的绩效类型。一个企业要根据自身的实际情况选择不同的绩效类型进行组合，所选择的绩效类型必须与企业及采购部门的目标和任务相结合。选择绩效类型是开发采购绩效评估系统的关键一步。

2. 具体绩效测量指标设定

一旦确定了绩效测量类型，接下来的工作就是确定具体的绩效测量指标，成功的采购绩效测量指标必须清晰、可衡量。清晰就是员工必须正确理解该指标的含义，并认同该指标，这样才能引导绩效按期望的结果发展。可衡量是指建立的估计指标必须是能够准确测量、估计和计算的。

3. 建立绩效测量标准

为每一项指标建立相应的绩效标准也是十分重要的，制定不可能完成的标准会影响积极性，太容易达到的标准又不利于发挥潜能，因此，好的绩效评估标准一定要适度。绩效测量标准必须是现实的，能够反映企业内外部的实际情况，这意味着标准是具有挑战性的，并且经过刻苦努力是可以实现的。

知识拓展

　　采购绩效考评方法直接影响评估计划的成效和考评结果的正确与否。常用的考评方法有直接排序法、两两比较法和等级分配法。

▌实践体验

　　【任务】根据收集的资料考评该企业的采购绩效水平。

　　【目的】通过实训，使学生了解并掌握采购绩效考评体系。

　　【要求】从网上搜集资料或实际调查企业的采购绩效工作，4～6人一组，每组确定一名组长，撰写体验报告。

项 目 小 结

　　本项目首先介绍了采购质量控制的概念，采购质量控制的目标和内容；重点介绍了采购质量控制的方法；详细阐述了采购质量控制实施程序和要点。然后简要介绍了连锁企业采购风险的概念及类型，重点介绍了连锁企业采购风险产生的原因及防范措施；详细介绍了连锁企业采购风险防范程序和要点。最后简要介绍了采购绩效考评的意义，重点阐述了连锁企业商品采购绩效考评指标体系和标准，说明了采购绩效考评的实施过程。

思 考 练 习

一、单项选择题

　　1. 采购绩效考评方法有（　　　）。

　　　　A. 直接排序法　　　　B. 两两分配法　　　　C. 等级比较法　　　　D. 人工测评法

　　2. 通过加强企业内部管理来规避、降低经营的风险是（　　　）。

　　　　A. 风险转移　　　　B. 风险自留　　　　C. 损失融资　　　　D. 风险控制

　　3. 采购质量控制的原则是（　　　）。

　　　　A. 5R　　　　B. 4R　　　　C. 5S　　　　D. 6S

　　4. （　　　）是用以衡量采购人员处理订单的效率，以及对于供应商交货时间的控制。

　　　　A. 品质绩效　　　　B. 数量绩效　　　　C. 时间绩效　　　　D. 价格绩效

二、多项选择题

　　1. 企业采购的外因型风险有（　　　）。

　　　　A. 价格风险　　　　B. 采购质量风险　　　　C. 存量风险　　　　D. 技术进步风险

　　2. 连锁企业商品采购风险产生的原因有（　　　）。

　　　　A. 采购人员的职业道德水平　　　　　　B. 商品价格波动

　　　　C. 供应商交货时间的不确定　　　　　　D. 企业自身的经营状况

　　3. 采购风险可以通过（　　　）方法予以管理。

　　　　A. 风险转移　　　　B. 风险自留　　　　C. 损失融资　　　　D. 风险控制

    4. 连锁企业商品采购绩效考评的标准有（   ）。

        A. 历史绩效标准   B. 标准绩效标准

        C. 行业平均绩效标准   D. 目标绩效标准

三、判断题

    1. 健全的采购管理组织是企业对采购实行统一领导、分级管理和防范风险的基础。   （   ）

    2. 采购质量控制需要企业内部各个部门及各个供应商的相互沟通和配合。   （   ）

    3. 供应商的选择和管理是连锁企业采购风险防范的基础工作。   （   ）

    4. 连锁企业商品采购绩效考评不能为个人或部门的奖惩提供参考。   （   ）

    5. 采购效率主要是考评供应商的质量水平及供应商所提供商品的质量表现。   （   ）

四、简答题

    1. 简述采购质量控制内容及方法。

    2. 试述连锁企业采购风险产生的原因及防范措施。

    3. 试述采购质量控制实施程序和要点。

    4. 试述采购绩效考评的实施过程。

五、案例分析题

采购质量风险

    在北京某名国际零售门店里，有顾客投诉说刚购买的特价 DVD 机质量有问题，家电部主管帮顾客进行检查时发现，这款机器的外包装说明竟然与内部说明书的文字有出入。这款机器是该公司北方区刚采购的，价位是 DVD 机线上最低的，品牌为杂牌，基本肯定是经销商的 OEM 机，这里的采购员在操作上有问题。

    采购员最容易发生的问题是：利用合同条款的模糊性与供货商联合进行欺诈行为。例如，以次充好，以假乱真，甚至出现"三无"商品、伪劣商品，给企业造成损失。所以收货及防损人员在进行商品验收检查时，应以合同条款为标准进行检验，防止出现采购质量风险。

    思考下列问题：

    1. 采购人员的素质与防止采购质量风险出现有何关联？

    2. 在签订采购合同中，可以从哪几个方面对采购质量中可能出现的风险给予必要防范？

项 目 实 训

    【任务】通过调查某一连锁企业获得相关采购数据，并通过考评对该连锁企业采购提出改进方案。

    【目的】通过实地调研及网络查询调查，利用采购绩效指标和标准对其进行考评，培养学生分析问题和解决问题能力。

    【要求】6~8 人一组，每组确定一名组长，根据相关采购资料，提出更好的采购方案。

参 考 文 献

白世贞. 2011. 连锁企业商品采购管理[M]. 北京：中国人民大学出版社.

蔡中焕，鲁杰. 2008. 连锁企业商品采购管理[M]. 北京：科学出版社.

胡学庆，徐为明. 2007. 连锁企业商品采购管理[M]. 上海：立信会计出版社.

李恒芳，廖小丽. 2011. 优秀采购员手册[M]. 广州：广东经济出版社.

李政，姜宏锋. 2010. 采购过程控制：谈判技巧·合同管理·成本控制[M]. 北京：化学工业出版社.

李政，李亮. 2010. 采购主管工作手册[M]. 北京：化学工业出版社.

梁军，王刚. 2010. 采购管理 [M]. 2版. 北京：电子工业出版社.

马丽涛. 2009. 连锁企业采购管理[M]. 北京：电子工业出版社.

孙前进. 2010. 连锁企业采购与配送管理[M]. 北京：中国发展出版社.

温卫娟. 2008. 省钱高效的采购技巧[M]. 北京：北京大学出版社.

吴汪友. 2010. 采购管理实务："学·教·做"一体化教程[M]. 北京：电子工业出版社.

谢翠梅. 2011. 连锁企业采购管理[M]. 北京：对外经济贸易大学出版社.

徐恺，陈勇明. 2009. 采购部高效工作手册[M]. 广州：广东经济出版社.

杨军，赵继新，李钊. 2011. 采购管理实务[M]. 北京：北京师范大学出版社.

张浩. 2010. 采购管理与库存控制[M]. 北京：北京大学出版社.

张新颖. 2008. 采购实务[M]. 北京：机械工业出版社.

赵明晓. 2010. 连锁企业商品采购[M]. 北京：清华大学出版社.

郑光财，皇甫梅风. 2008. 连锁企业采购管理[M]. 北京：电子工业出版社.